SUMÁRIO

1.1. A REVOLUÇÃO DIGITAL

Vivemos em uma era de transformação sem precedentes, onde a internet e as tecnologias emergentes não apenas redefiniram a maneira como vivemos, mas também como trabalhamos e interagimos com o mundo. A chamada Revolução Digital não é apenas uma evolução tecnológica, mas uma reestruturação completa das dinâmicas sociais, econômicas e culturais. O impacto dessa revolução vai muito além de facilitar tarefas cotidianas; ela criou um novo ecossistema de possibilidades para que qualquer pessoa, independentemente de sua localização geográfica, pudesse construir uma carreira ou um negócio de forma autônoma, diretamente de sua casa.

A conectividade global tornou-se o alicerce dessa nova realidade. Antes, as barreiras para empreender eram significativas: altos custos de infraestrutura, limitações de alcance de mercado, e a necessidade de uma base física para operar. Hoje, graças à internet, essas barreiras foram virtualmente eliminadas. Negócios digitais podem ser iniciados com um investimento mínimo e escalados rapidamente, atingindo audiências globais a partir de plataformas acessíveis e democráticas.

Além disso, a tecnologia não apenas simplificou processos, mas também viabilizou novos modelos de negócios que antes eram inimagináveis. O surgimento de plataformas de e-commerce, redes sociais, marketplaces digitais e ferramentas de marketing online abriu um vasto leque de oportunidades para aqueles dispostos a aprender e se adaptar. Agora, qualquer pessoa com uma conexão à internet e as ferramentas certas pode alcançar mercados antes restritos a grandes corporações. Este fenômeno reduziu as desigualdades de acesso, permitindo que indivíduos com talentos e habilidades variadas monetizassem suas paixões e conhecimentos de maneiras criativas e inovadoras.

Um exemplo claro dessa mudança é o crescimento exponencial de profissionais que trabalham remotamente ou como freelancers. No passado, trabalhar de forma independente era visto como instável e arriscado. Hoje, plataformas como Upwork, Fiverr e Freelancer permitem que pessoas em qualquer canto do mundo ofereçam seus serviços de forma global, conectando talentos a demandas em escala internacional. Além disso, a popularização do marketing de afiliados, do dropshipping, da criação de infoprodutos e da monetização de redes sociais permitiu que milhões de pessoas transformassem hobbies em carreiras lucrativas.

Outro aspecto importante dessa nova realidade digital é o impacto que ela tem nas pequenas e médias empresas. Antes limitadas pela geografia, essas empresas agora podem competir com grandes players globais, utilizando as mesmas ferramentas tecnológicas para alcançar e engajar clientes. Com o advento das redes sociais e das plataformas de anúncios segmentados, empresas de todos os tamanhos podem atingir públicos específicos com uma precisão antes inimaginável, maximizando o retorno sobre investimento e criando uma relação mais próxima com os consumidores.

No entanto, essa transformação também traz desafios. O dinamismo do ambiente digital exige uma constante adaptação. Tecnologias emergem e se tornam obsoletas rapidamente, e as empresas, bem como os profissionais, precisam estar atentos às mudanças para permanecerem competitivos. As habilidades digitais passaram a ser uma exigência fundamental para praticamente qualquer setor, e a busca pelo aprendizado contínuo se tornou um imperativo.

Apesar desses desafios, o cenário atual oferece uma oportunidade histórica: pela primeira vez na história, é possível, com baixo custo e acesso a ferramentas simples, criar negócios globais e rentáveis diretamente de casa. A Revolução Digital democratizou o empreendedorismo, e aqueles que souberem aproveitar essa transformação têm a chance de construir algo significativo em um mercado que está em constante expansão.

Este é o momento ideal para começar. O mundo digital não está apenas crescendo, ele está se transformando continuamente, e as oportunidades que existem hoje podem não estar presentes amanhã. O empreendedor digital do futuro será aquele que não só souber usar as ferramentas tecnológicas ao seu favor, mas também tiver a flexibilidade e a visão de se adaptar rapidamente às novas tendências e demandas.

1.2. OPORTUNIDADES DE RENDA NO MUNDO ONLINE

Com o avanço contínuo da tecnologia, o número de formas de ganhar dinheiro online explodiu, criando uma verdadeira economia digital que oferece oportunidades ilimitadas para empreendedores e profissionais de todas as áreas. O que começou como uma extensão do comércio físico agora evoluiu para um ecossistema robusto, onde é possível desenvolver diversos modelos de negócios e formas de monetização sem precisar sair de casa. Desde a venda de produtos físicos e digitais até a prestação de serviços especializados, a diversidade de possibilidades online cresceu exponencialmente, permitindo que qualquer pessoa com uma ideia, habilidade ou paixão possa transformá-la em uma fonte de renda significativa.

A internet eliminou barreiras tradicionais, como a necessidade de investimentos iniciais elevados, aluguéis comerciais ou dependência de mercados locais, permitindo que qualquer pessoa crie e escale um negócio com baixo custo e acessibilidade global. Para quem deseja vender produtos físicos, plataformas de e-commerce como Shopify, Mercado Livre e Amazon facilitam a criação de lojas virtuais, tornando simples o processo de venda e distribuição de mercadorias para um público global. Além disso, modelos como o dropshipping eliminam a necessidade de gerenciamento de estoque, possibilitando que os empreendedores foquem apenas nas vendas, enquanto fornecedores terceiros cuidam da logística.

Por outro lado, a venda de produtos digitais tem se mostrado igualmente poderosa, especialmente pelo seu caráter escalável. Ebooks, cursos online, templates, softwares e serviços de assinatura podem ser criados uma vez e vendidos indefinidamente, sem os custos adicionais de produção ou logística. Plataformas como Udemy, Hotmart e Gumroad deram voz a criadores de conteúdo e especialistas que desejam compartilhar seus conhecimentos e gerar uma renda passiva substancial. A venda de infoprodutos, em particular, tem sido uma tendência crescente, pois permite que profissionais de diversas áreas monetizem seu conhecimento e experiência, criando um impacto duradouro em seus públicos.

A criação de conteúdo é outro pilar da economia digital moderna. Com o surgimento de plataformas como YouTube, Instagram, TikTok e Twitch, qualquer pessoa pode se tornar um criador de conteúdo e construir um público engajado, o que pode ser monetizado por meio de anúncios, patrocínios, venda de produtos ou assinaturas pagas. A ascensão dos influenciadores digitais e a democratização da criação de vídeos e conteúdos visuais permitiram que indivíduos comuns, sem grandes investimentos iniciais, transformassem suas paixões em carreiras lucrativas. Desde tutoriais e vídeos educativos até vlogs e entretenimento, os criadores de conteúdo têm à sua disposição uma infinidade de maneiras de gerar renda, ampliando as fronteiras do que significa ser um empreendedor digital.

Além disso, a prestação de serviços online nunca foi tão diversificada. O freelancing digital ganhou força à medida que a demanda por serviços especializados, como design gráfico, desenvolvimento de software, marketing digital, redação e consultoria, cresceu exponencialmente. Plataformas como Upwork, Freelancer, Fiverr e Workana conectam profissionais a clientes em todo o mundo, permitindo que freelancers ofereçam seus serviços de maneira flexível e escalável. O trabalho remoto, que ganhou ainda mais popularidade após a pandemia de COVID-19, consolidou o freelancing como uma opção viável para quem deseja trabalhar de forma autônoma e global. Além disso, muitos freelancers conseguem expandir suas atividades, transformando suas operações em pequenas agências digitais, escalando seus negócios e ampliando suas fontes de receita.

Outra área que está em rápida expansão é o marketing de afiliados. Nesse modelo de negócios, as pessoas ganham comissões por promover produtos de outras empresas. Empresas como Amazon, Hotmart e várias outras oferecem programas de afiliados robustos, permitindo que empreendedores digitais ganhem dinheiro ao recomendar produtos que ressoem com suas audiências. Essa é uma das formas mais acessíveis para quem está começando, já que não exige a criação de produtos próprios, apenas uma estratégia eficaz de marketing.

É importante notar que o sucesso nesse ambiente digital depende muito da mentalidade do empreendedor. Embora as ferramentas e plataformas estejam amplamente disponíveis, a chave para transformar essas oportunidades em uma carreira lucrativa está na mentalidade e na abordagem estratégica. Ser resiliente, adaptável e constantemente em busca de novas tendências e oportunidades é essencial. O aprendizado contínuo é outro fator determinante. A velocidade com que novas tecnologias e modelos de negócios surgem exige que o empreendedor digital esteja sempre atualizado, adquirindo novas habilidades e testando novas ideias.

Ao contrário dos negócios tradicionais, que muitas vezes requerem meses ou até anos para se consolidarem, os negócios digitais têm o potencial de crescer rapidamente, desde que sejam fundamentados em estratégias sólidas e aproveitem o poder das ferramentas tecnológicas disponíveis. Automação, por exemplo, permite que pequenos negócios online funcionem de forma altamente eficiente, mesmo com equipes reduzidas. Sistemas de CRM (Customer Relationship Management), automação de marketing e plataformas de análise de dados estão disponíveis a baixo custo, permitindo que até os empreendedores iniciantes implementem processos profissionais e escaláveis desde o início.

Portanto, as oportunidades de gerar renda online são quase infinitas. A internet é uma verdadeira mina de ouro para aqueles que sabem onde procurar, e o campo de atuação é vasto, abrangendo setores como educação, entretenimento, tecnologia, serviços financeiros, consultoria, criação artística, entre outros. Com as ferramentas certas, o acesso à informação e uma mentalidade empreendedora orientada para resultados, qualquer pessoa pode não apenas começar a gerar renda, mas construir um império digital, adaptando-se às mudanças e explorando constantemente novas possibilidades.

1.3. POR QUE AGORA É O MELHOR MOMENTO PARA COMEÇAR

Nunca houve um momento mais propício para iniciar no mundo digital. O cenário atual oferece um ambiente fértil para empreendedores e profissionais que desejam transformar a internet em uma ferramenta para gerar renda e construir negócios escaláveis. O acesso à internet continua a crescer exponencialmente em todas as partes do mundo, levando conectividade a milhões de pessoas que, até então, não tinham essa oportunidade. Esse aumento na base de usuários globais não apenas amplia o público consumidor, mas também diversifica as oportunidades de negócio, permitindo que empreendedores alcancem mercados emergentes e segmentos inexplorados.

As plataformas e ferramentas disponíveis para quem deseja empreender online estão mais acessíveis, intuitivas e robustas do que nunca. Há uma abundância de soluções prontas para qualquer tipo de empreendimento digital, desde lojas virtuais até plataformas de criação de conteúdo e prestação de serviços. Ferramentas de automação, marketing digital e gerenciamento de relacionamento com o cliente (CRM) permitem que qualquer pessoa, independentemente de seu nível técnico, possa configurar um negócio com poucos recursos e alcançar uma audiência global. Essa democratização da tecnologia eliminou barreiras que antes limitavam o empreendedorismo a quem tinha capital ou infraestrutura, e abriu espaço para que indivíduos com ideias inovadoras e determinação possam competir em pé de igualdade com grandes corporações.

Além disso, a pandemia de COVID-19 acelerou de forma dramática a transformação digital em todo o mundo. Nos últimos anos, vimos uma verdadeira revolução no comportamento de consumo e nas formas de trabalho. Com as medidas de distanciamento social e o fechamento temporário de negócios físicos, o comércio eletrônico se tornou uma das principais alternativas para as pessoas realizarem suas compras. Esse fenômeno não foi apenas uma adaptação temporária, mas uma mudança estrutural que consolidou o e-commerce como um dos pilares da economia moderna. O crescimento do setor de vendas online durante a pandemia foi exponencial, com muitas empresas migrando suas operações para o digital para sobreviverem às novas condições do mercado.

Para além do comércio eletrônico, o trabalho remoto, antes considerado uma opção de nicho ou temporária, foi amplamente adotado e provou ser uma solução viável e produtiva para empresas e trabalhadores. Isso gerou um aumento significativo na demanda por serviços digitais, freelancers e profissionais que ofereçam suas habilidades de forma remota. Empresas perceberam que a geografia não é mais uma limitação, e que talentos de qualquer parte do mundo podem ser integrados às suas operações com facilidade. Com isso, plataformas de freelancing, como Upwork e Fiverr, além de redes sociais e marketplaces digitais, viram uma explosão na procura por talentos que pudessem oferecer serviços como design gráfico, programação, marketing digital, redação, consultoria e outros.

Esse cenário cria um momento único na história, onde o empreendedorismo digital não é apenas uma tendência temporária, mas uma realidade que continuará a crescer e se consolidar nos próximos anos. Aqueles que decidirem iniciar agora têm uma oportunidade ímpar de entrar em um mercado em plena expansão, com demanda crescente por produtos, serviços e conteúdos digitais. A vantagem de começar neste momento está na capacidade de capitalizar em cima dessa transformação. A pandemia não apenas acelerou a adoção do digital, mas também educou os consumidores, que agora estão mais familiarizados e confortáveis com o uso de plataformas online para comprar, aprender, trabalhar e interagir.

Outra grande vantagem de iniciar no mundo digital hoje é o ritmo acelerado de inovação nas plataformas e nas tecnologias disponíveis. Com o avanço de soluções como inteligência artificial, automação, análise de dados e marketing programático, as empresas e empreendedores digitais têm à sua disposição ferramentas que antes eram exclusivas de grandes corporações. Por exemplo, a automação de marketing permite que até os menores negócios online possam executar campanhas complexas de forma eficiente, personalizando a comunicação com os clientes e melhorando as taxas de conversão. As plataformas de anúncios como Google Ads e Facebook Ads oferecem segmentações detalhadas e poderosas, permitindo que pequenos empreendedores atinjam públicos altamente qualificados com orçamentos acessíveis.

Adicionalmente, o crescimento das fintechs e das soluções de pagamento digital tornou o processo de transações online mais simples e seguro. Com opções que vão desde carteiras digitais até criptomoedas, os empreendedores podem acessar mercados internacionais sem a complexidade de lidar com múltiplas moedas e sistemas bancários tradicionais. Isso facilita a entrada em mercados globais, ampliando o potencial de receita e minimizando as barreiras comerciais.

Por outro lado, o consumidor também mudou. A nova geração de consumidores, cada vez mais habituada ao digital, espera uma experiência de compra, aprendizado e interação online simplificada, eficiente e personalizada. Isso cria uma oportunidade imensa para empreendedores que estão dispostos a entender e se adaptar às demandas dessa audiência moderna. Não é mais apenas sobre vender um produto ou serviço, mas sobre construir uma marca digital sólida, oferecendo valor contínuo e criando uma conexão autêntica com o público.

Aqueles que começarem agora poderão aproveitar essa onda de crescimento e inovação. Embora o mercado digital esteja se expandindo rapidamente, ele ainda está longe de atingir seu ponto de saturação. Novos nichos de mercado estão surgindo o tempo todo, e há espaço para inovação em praticamente todos os setores. Seja criando produtos digitais, como cursos online e ebooks, oferecendo serviços especializados ou construindo uma marca pessoal em torno da criação de conteúdo, o campo de atuação é vasto e está repleto de oportunidades.

Entrar nesse mundo agora é, essencialmente, posicionar-se na linha de frente de uma revolução econômica que continuará a moldar o futuro. Quanto antes se começar, maior será a chance de aproveitar o aprendizado, os erros e os acertos que inevitavelmente farão parte do processo, e se estabelecer como uma força competitiva em um mercado que só tende a crescer. Com a mentalidade correta, disposição para aprender e adaptabilidade para acompanhar as tendências tecnológicas, qualquer pessoa pode transformar a internet em uma poderosa fonte de renda e sucesso profissional.

CAPÍTULO 2: EXPLORANDO MODELOS DE NEGÓCIOS DIGITAIS

2.1. MARKETING DE AFILIADOS

O marketing de afiliados é um dos modelos mais acessíveis e atraentes para quem deseja iniciar uma jornada no mundo digital. Trata-se de uma estratégia na qual você promove produtos ou serviços de outras empresas e, em troca, recebe uma comissão por cada venda ou ação gerada através dos seus links de recomendação. Essa abordagem permite que pessoas de diversos perfis, desde iniciantes até profissionais experientes, possam gerar uma renda significativa sem a necessidade de desenvolver ou gerenciar seus próprios produtos. Com o crescimento constante do comércio eletrônico, o marketing de afiliados se destaca como uma excelente porta de entrada para empreendedores digitais.

Um dos grandes atrativos do marketing de afiliados é a sua simplicidade. Para começar, tudo o que você precisa é de um computador, uma conexão à internet e um público-alvo. A maioria das plataformas de afiliados oferece recursos e suporte que tornam o processo de promoção e vendas bastante intuitivo. Você pode escolher entre uma ampla variedade de produtos e serviços para promover, desde itens físicos, como eletrônicos e roupas, até produtos digitais, como cursos online e softwares. Essa diversidade permite que você selecione ofertas que se alinhem com seus interesses e com os interesses do seu público, aumentando as chances de conversão.

Além disso, o marketing de afiliados requer um investimento inicial baixo. Ao contrário de outros modelos de negócios, que podem exigir capital significativo para produção, estoque ou logística, o afiliado pode começar a promover produtos sem gastar dinheiro em inventário ou desenvolvimento. O foco é mais sobre a criação de conteúdo de qualidade e estratégias de marketing para direcionar tráfego para os links de afiliados. Isso democratiza a oportunidade de empreender, permitindo que mais pessoas entrem nesse mercado sem um grande risco financeiro.

Outra vantagem importante do marketing de afiliados é a flexibilidade que ele oferece. Os afiliados podem trabalhar de qualquer lugar e a qualquer hora, o que proporciona uma liberdade considerável em termos de estilo de vida e gestão do tempo. Isso é especialmente atraente para aqueles que buscam uma fonte de renda extra ou desejam transitar para o trabalho remoto. Você pode escolher as plataformas que deseja utilizar, como blogs, redes sociais, YouTube ou email marketing, para promover seus produtos, adaptando sua estratégia às suas preferências e habilidades.

Com o crescimento explosivo do comércio eletrônico, o marketing de afiliados se tornou ainda mais relevante. As pessoas estão cada vez mais inclinadas a fazer compras online, e as empresas estão investindo pesado em marketing digital para alcançar esses consumidores. Isso cria um ambiente fértil para afiliados, que podem aproveitar essa tendência crescente para gerar comissões de vendas. Além disso, muitas empresas estão dispostas a investir em programas de afiliados, oferecendo taxas de comissão competitivas, bônus e promoções que incentivam ainda mais a promoção de seus produtos.

No entanto, é importante lembrar que, embora o marketing de afiliados seja uma oportunidade promissora, ele não é uma solução mágica para ganhar dinheiro rapidamente. O sucesso nesse modelo exige dedicação, paciência e uma abordagem estratégica. Construir uma audiência leal e engajada leva tempo, assim como desenvolver uma reputação confiável como afiliado. É fundamental entender as necessidades e interesses do seu público, criar conteúdo relevante e autêntico e, principalmente, promover produtos que você realmente acredita que agregam valor. A transparência e a autenticidade são chaves para construir a confiança do consumidor e, consequentemente, aumentar as taxas de conversão.

Para maximizar o potencial de ganhos, os afiliados devem estar sempre aprendendo e se adaptando às mudanças do mercado e às novas tendências de marketing digital. Isso inclui manter-se atualizado sobre as melhores práticas, experimentar diferentes táticas de promoção e analisar o desempenho das campanhas. Utilizar ferramentas de análise pode fornecer insights valiosos sobre o que está funcionando e o que precisa ser ajustado.

Em resumo, o marketing de afiliados se apresenta como uma excelente oportunidade para quem deseja ingressar no mundo digital. Com sua simplicidade, baixo custo inicial e flexibilidade, ele permite que qualquer pessoa comece a gerar renda promovendo produtos de terceiros. No entanto, para alcançar o sucesso nesse modelo de negócio, é essencial investir tempo e esforço na construção de uma estratégia sólida, focando em conteúdo de qualidade e na compreensão do público-alvo. Com a mentalidade e as abordagens corretas, o marketing de afiliados pode se tornar uma fonte lucrativa de renda online.

2.2. COMÉRCIO ELETRÔNICO

O e-commerce tem se consolidado como uma das formas mais dinâmicas e promissoras de comércio na era digital, permitindo que indivíduos e empresas vendam produtos físicos ou digitais por meio de lojas virtuais. Com o avanço da tecnologia e o aumento do acesso à internet, criar uma loja online tornou-se uma tarefa relativamente simples, graças a plataformas como Shopify, Mercado Livre, WooCommerce e outras. Essas ferramentas oferecem soluções prontas que permitem que qualquer pessoa, independentemente do nível de experiência técnica, monte sua própria loja virtual rapidamente e comece a comercializar seus produtos.

O crescimento do comércio eletrônico nos últimos anos tem sido extraordinário. De acordo com diversos estudos, o e-commerce experimentou uma aceleração significativa, impulsionada não apenas pelo aumento das compras online durante a pandemia, mas também pela mudança de comportamento dos consumidores, que estão cada vez mais habituados a fazer compras pela internet. Esse cenário apresenta inúmeras oportunidades para empreendedores, que podem escolher desde nichos altamente especializados até produtos de massa, dependendo de suas preferências e do mercado que desejam atingir.

Uma das principais vantagens do e-commerce é a capacidade de alcançar um público global. Diferente de uma loja física, que está limitada geograficamente, uma loja online pode vender para clientes em qualquer lugar do mundo, ampliando consideravelmente o alcance do negócio. Isso permite que empreendedores explorem mercados internacionais e aproveitem as oportunidades que surgem em diferentes regiões. Além disso, a ausência de limitações físicas também reduz os custos operacionais, já que não há necessidade de alugar um espaço físico para expor os produtos.

Outro aspecto atraente do e-commerce é a flexibilidade que ele oferece em termos de gerenciamento do negócio. Os empreendedores podem trabalhar de qualquer lugar e a qualquer hora, o que possibilita uma melhor conciliação entre a vida pessoal e profissional. Isso é especialmente vantajoso para aqueles que buscam uma fonte de renda adicional ou que desejam transitar para o trabalho remoto. Além disso, a automação de processos, como o gerenciamento de pedidos, o controle de estoque e o atendimento ao cliente, pode ser realizada por meio de softwares, permitindo que os empreendedores economizem tempo e se concentrem em estratégias de crescimento.

As plataformas de e-commerce também oferecem uma variedade de ferramentas de marketing que ajudam os empreendedores a promover seus produtos de maneira eficaz. Desde estratégias de SEO (otimização para motores de busca) até campanhas de publicidade paga, como Google Ads e anúncios em redes sociais, as opções são vastas e podem ser adaptadas para atender às necessidades específicas de cada negócio. O uso de análises de dados também é crucial para entender o comportamento do consumidor, o que permite que os empreendedores ajustem suas estratégias de marketing e melhorem a experiência do cliente.

No entanto, como qualquer empreendimento, o e-commerce não está isento de desafios. A concorrência é intensa, e os empreendedores devem se destacar em um mercado saturado. Isso requer não apenas uma oferta de produtos de qualidade, mas também um excelente atendimento ao cliente, uma marca forte e uma proposta de valor clara. A fidelização do cliente é essencial, pois a retenção de consumidores é muitas vezes mais rentável do que a aquisição de novos. Implementar programas de fidelidade, oferecer promoções exclusivas e garantir um atendimento excepcional pode fazer toda a diferença na construção de relacionamentos duradouros com os clientes.

Outro desafio é a gestão do estoque e a logística de entrega. Os empreendedores precisam ter um planejamento cuidadoso para garantir que os produtos estejam disponíveis e que a entrega seja feita de forma eficiente e pontual. O uso de sistemas de gerenciamento de inventário pode ajudar a evitar problemas de estoque, enquanto parcerias com transportadoras confiáveis podem garantir que os produtos cheguem aos clientes em perfeito estado e no prazo estipulado.

Por fim, é crucial que os empreendedores estejam sempre atentos às tendências do mercado e às mudanças no comportamento do consumidor. A tecnologia avança rapidamente, e as preferências dos consumidores também evoluem. Manter-se atualizado sobre novas ferramentas, plataformas e estratégias de marketing é fundamental para se manter competitivo e aproveitar ao máximo as oportunidades que o comércio eletrônico oferece.

Em resumo, o e-commerce representa uma oportunidade empolgante para quem deseja vender produtos online. Com a acessibilidade das plataformas de venda, o crescimento do comércio eletrônico e a possibilidade de alcançar um público global, os empreendedores têm à disposição uma vasta gama de opções para iniciar e expandir seus negócios. Apesar dos desafios, com uma abordagem estratégica e uma dedicação constante à qualidade e ao atendimento, o e-commerce pode se tornar uma fonte lucrativa e sustentável de renda.

2.3. INFOPRODUTOS: CURSOS E EBOOKS

O conhecimento é um dos ativos mais valiosos na era digital, e sua monetização tem se tornado uma estratégia cada vez mais popular entre empreendedores e especialistas em diversas áreas. Criar e vender infoprodutos, como cursos online, ebooks, webinários e treinamentos, não apenas permite que você compartilhe sua expertise, mas também pode ser altamente lucrativo. Se você possui um conhecimento especializado em um determinado assunto, a possibilidade de transformá-lo em um produto digital e vendê-lo para uma audiência global é uma oportunidade que não pode ser ignorada.

A crescente demanda por aprendizado online, impulsionada pela facilidade de acesso à internet e pela busca constante por desenvolvimento pessoal e profissional, torna os infoprodutos uma opção atraente. As pessoas estão sempre em busca de maneiras de adquirir novas habilidades, melhorar seu desempenho no trabalho ou explorar novos hobbies. Isso cria um mercado vasto e em expansão para infoprodutos, permitindo que você atenda a diferentes nichos e interesses. Desde cursos sobre marketing digital, finanças pessoais, saúde e bem-estar, até habilidades artísticas e criativas, as possibilidades são praticamente infinitas.

Uma das grandes vantagens dos infoprodutos é a alta margem de lucro que eles oferecem. Após o investimento inicial em criação de conteúdo, as despesas associadas à venda de infoprodutos são significativamente menores em comparação com produtos físicos. Não há custos com fabricação, armazenamento ou envio, e, uma vez que o produto está criado, ele pode ser vendido repetidamente sem custos adicionais. Isso significa que, com uma estratégia de marketing eficaz, é possível gerar receitas substanciais a partir de um único produto.

Além disso, os infoprodutos são escaláveis, o que significa que você pode atingir um número ilimitado de clientes sem a necessidade de aumentar proporcionalmente os custos. Isso é especialmente vantajoso no ambiente digital, onde uma única campanha de marketing pode alcançar milhares de pessoas. A possibilidade de criar uma comunidade em torno de seus infoprodutos também oferece uma vantagem competitiva, pois a interação e o feedback dos clientes podem levar a melhorias contínuas e à fidelização da audiência.

O processo de criação de infoprodutos envolve diversas etapas, começando pela identificação de um tema que ressoe com seu público-alvo. É crucial entender as necessidades e desejos da audiência para desenvolver um conteúdo que realmente agregue valor. A pesquisa de mercado é fundamental nesse processo, pois permite que você identifique lacunas e oportunidades que podem ser exploradas. Uma vez definido o tema, a criação do conteúdo deve ser feita com atenção à qualidade e à clareza. O uso de diferentes formatos, como vídeos, textos, gráficos e quizzes, pode enriquecer a experiência de aprendizado e tornar o produto mais atraente.

Após a criação do infoproduto, a próxima etapa é a distribuição. A escolha da plataforma de venda é crucial, pois ela deve atender tanto às suas necessidades quanto às expectativas do seu público. Existem diversas opções, como plataformas de cursos online (por exemplo, Udemy, Teachable), marketplaces de ebooks (como a Amazon) e até mesmo a criação de uma loja virtual própria. A estratégia de marketing digital deve ser cuidadosamente planejada, incluindo o uso de redes sociais, email marketing e SEO para direcionar tráfego para suas páginas de venda.

O suporte ao cliente também desempenha um papel vital no sucesso dos infoprodutos. Oferecer um bom atendimento ao cliente, responder a perguntas e fornecer assistência pode não apenas aumentar a satisfação do cliente, mas também gerar referências e recomendações. Criar uma comunidade em torno do seu produto, seja através de grupos em redes sociais ou fóruns, pode fortalecer o relacionamento com seus clientes e incentivá-los a compartilhar suas experiências.

Contudo, como em qualquer empreendimento, o sucesso na venda de infoprodutos exige dedicação, planejamento e um compromisso contínuo com a qualidade. É essencial monitorar as métricas de desempenho, como taxas de conversão, feedback dos clientes e análises de vendas, para identificar áreas de melhoria e adaptar suas estratégias conforme necessário. A busca por aprimoramento contínuo e a adaptação às mudanças do mercado são fundamentais para se manter competitivo.

Em resumo, criar e vender infoprodutos representa uma oportunidade empolgante e lucrativa na era digital. Com a crescente demanda por aprendizado online e a possibilidade de alcançar uma audiência global, empreendedores têm à disposição uma plataforma poderosa para compartilhar seu conhecimento. Com um planejamento cuidadoso e um compromisso com a qualidade, os infoprodutos podem não apenas gerar receita significativa, mas também proporcionar um impacto positivo na vida das pessoas, ajudando-as a alcançar seus objetivos e aspirações.

2.4. MONETIZAÇÃO DE REDES SOCIAIS

Com o crescimento exponencial das plataformas de redes sociais, um novo ecossistema de oportunidades financeiras emergiu, permitindo que criadores de conteúdo monetizem sua influência de maneiras inovadoras e diversificadas. Canais no YouTube, contas no Instagram, TikTok e outras redes sociais se tornaram verdadeiras vitrines digitais, onde milhões de usuários se reúnem para consumir conteúdo diariamente. Essa dinâmica não apenas transforma a maneira como consumimos informação e entretenimento, mas também apresenta uma via poderosa para geração de renda significativa.

A monetização nas redes sociais ocorre de várias formas, sendo a publicidade uma das mais comuns. Criadores de conteúdo podem gerar receita por meio de anúncios exibidos em seus vídeos ou postagens. No YouTube, por exemplo, o programa de parcerias permite que os criadores recebam uma parte da receita publicitária gerada em seus canais, o que pode se tornar uma fonte substancial de renda, especialmente para aqueles com grandes audiências. Além disso, a possibilidade de trabalhar com marcas por meio de patrocínios e colaborações é uma prática cada vez mais comum. As marcas buscam influenciadores que se alinhem com seus valores e produtos, oferecendo compensações financeiras em troca de divulgação.

A venda de produtos também é uma estratégia eficaz de monetização para criadores de conteúdo. Muitos influenciadores utilizam suas plataformas para lançar produtos próprios, que podem variar de mercadorias físicas, como roupas e acessórios, a produtos digitais, como cursos e ebooks. Essa abordagem não apenas diversifica as fontes de renda, mas também fortalece a conexão entre o criador e seu público, uma vez que os produtos frequentemente refletem os interesses e a identidade do influenciador.

No entanto, a chave para o sucesso nesse ambiente competitivo é a autenticidade. Criadores que conseguem estabelecer uma conexão genuína com seu público, oferecendo conteúdo que ressoe com seus interesses e necessidades, têm mais chances de se destacar. O conteúdo deve ser relevante, informativo, inspirador ou entretenedor, proporcionando valor real ao público. A transparência em relação a parcerias e patrocínios também é fundamental, pois os consumidores modernos valorizam a honestidade e a integridade.

Além disso, a consistência é um elemento crucial na construção de uma presença sólida nas redes sociais. Criadores que publicam regularmente e interagem com seu público tendem a aumentar sua base de seguidores e engajamento. Estratégias de conteúdo, como séries temáticas ou colaborações com outros influenciadores, podem ajudar a manter o interesse e a variedade no conteúdo apresentado.

Outro aspecto importante a ser considerado é a adaptação às mudanças das plataformas. O algoritmo de cada rede social pode influenciar a visibilidade do conteúdo, e os criadores precisam estar atentos a essas alterações para maximizar seu alcance. Utilizar análises e métricas para entender quais tipos de conteúdo performam melhor e quais horários são mais eficazes para postagens pode ser decisivo na estratégia de crescimento.

É também essencial que os criadores de conteúdo construam uma comunidade em torno de sua marca pessoal. Fomentar um espaço onde os seguidores possam interagir, compartilhar experiências e dar feedback não só fortalece a relação entre criador e público, mas também pode resultar em um engajamento mais significativo. Isso pode ser feito através de comentários, lives, enquetes e até mesmo grupos em plataformas como Facebook ou Discord.

Por fim, com o surgimento de novas tendências e tecnologias, como a realidade aumentada e a transmissão ao vivo, as oportunidades para monetização e engajamento continuam a crescer. Criadores que se mantêm atualizados e dispostos a experimentar novas abordagens estarão melhor posicionados para se adaptar e prosperar nesse ambiente em constante evolução.

Em resumo, as redes sociais abriram um leque de possibilidades para criadores de conteúdo monetizarem sua influência de maneira eficaz. Através de publicidade, patrocínios, vendas de produtos e uma abordagem autêntica que prioriza a conexão com o público, os influenciadores têm à sua disposição ferramentas poderosas para transformar suas paixões em carreiras lucrativas. Ao focar na criação de conteúdo que ofereça valor e ressoe com sua audiência, os criadores podem não apenas gerar renda, mas também deixar um impacto positivo na vida das pessoas que os acompanham.**2.5. Freelancing e Prestação de Serviços Online**

Se você possui habilidades específicas, como design gráfico, escrita, programação ou marketing digital, pode oferecer seus serviços online como freelancer. Existem inúmeras plataformas, como Upwork e Freelancer, que conectam prestadores de serviços a clientes ao redor do mundo. Essa é uma forma rápida de começar a ganhar dinheiro enquanto desenvolve sua reputação no mercado digital.

CAPÍTULO 3: ESCOLHENDO O MELHOR CAMINHO PARA VOCÊ

3.1. AUTOAVALIAÇÃO DE HABILIDADES E INTERESSES

Antes de iniciar qualquer negócio digital, é fundamental realizar uma autoavaliação profunda e honesta. Esse processo de introspecção permite que você identifique suas habilidades, paixões e valores, que são essenciais para o sucesso de sua empreitada. Pergunte-se: quais são suas competências? Você possui experiência em criação de conteúdo, vendas, ou tecnologia? Compreender suas forças e fraquezas é um passo crucial, pois isso influenciará não apenas o modelo de negócio que você escolherá, mas também a maneira como você abordará o mercado e se relacionará com seu público.

Ao fazer essa autoavaliação, considere suas paixões e interesses pessoais. Trabalhar em um campo que você ama não apenas tornará sua jornada mais gratificante, mas também aumentará suas chances de sucesso. Quando você se dedica a algo que realmente lhe interessa, a motivação e o empenho vêm naturalmente, o que é vital para superar os desafios que surgem ao longo do caminho. Além disso, a paixão por um determinado assunto pode se traduzir em autenticidade, permitindo que você crie um conteúdo mais genuíno e envolvente, o que é essencial para atrair e manter a atenção do público.

É também importante considerar o ambiente em que você se sente mais confortável. Algumas pessoas são mais adequadas para trabalhar com criação de conteúdo, enquanto outras podem brilhar em vendas ou em áreas técnicas, como desenvolvimento web ou marketing digital. Ao identificar onde suas habilidades se encaixam, você pode escolher um modelo de negócio que não apenas maximize seu potencial, mas que também seja sustentável a longo prazo. Um empreendedor que se sente realizado em sua atividade tende a persistir mais e buscar inovações, mesmo quando enfrenta dificuldades.

Além disso, a autoavaliação deve incluir uma análise de suas metas pessoais e profissionais. O que você deseja alcançar com seu negócio digital? Você procura uma fonte de renda adicional, deseja construir uma carreira em tempo integral ou está interessado em simplesmente compartilhar seu conhecimento e experiências? Ter clareza sobre suas metas ajudará a moldar sua estratégia e a determinar quais passos você deve seguir. Essa visão também servirá como uma âncora para você em momentos de incerteza, permitindo que você mantenha o foco em seus objetivos, mesmo diante de desafios.

Outro aspecto a ser considerado durante a autoavaliação é o seu perfil de risco. Você é uma pessoa que se sente confortável com incertezas e mudanças rápidas, ou prefere um caminho mais previsível e estável? Compreender seu apetite por risco pode influenciar suas decisões, especialmente em um ambiente digital que está em constante evolução. Isso pode afetar sua disposição para experimentar novas estratégias de marketing, explorar nichos de mercado inexplorados ou investir em ferramentas e tecnologias inovadoras.

Uma vez que você tenha uma compreensão clara de suas habilidades, paixões, metas e perfil de risco, estará mais bem preparado para tomar decisões informadas sobre o tipo de negócio digital que deseja iniciar. Essa base sólida não apenas facilitará a escolha do modelo de negócio mais adequado, mas também ajudará a criar uma visão estratégica que será essencial para o crescimento e a sustentabilidade da sua empreitada.

Em resumo, realizar uma autoavaliação antes de iniciar um negócio digital é uma etapa crucial que não deve ser negligenciada. Identificar suas habilidades e paixões, considerar o ambiente em que você se sente mais confortável e ter clareza sobre suas metas e perfil de risco permitirá que você faça escolhas mais acertadas e desenvolva um negócio que não apenas aproveite seu potencial, mas que também se alinhe com suas aspirações pessoais. Essa base sólida será um fator determinante no seu sucesso a longo prazo e na realização de seus objetivos empreendedores.

3.2. DEFININDO SUAS METAS

É essencial estabelecer metas claras antes de embarcar em qualquer jornada empreendedora, especialmente no mundo digital. Essas metas servem como um norte, orientando suas decisões e estratégias enquanto você navega por um mercado dinâmico e em constante mudança. Pergunte-se: você está buscando uma renda extra para complementar seu salário, ou deseja construir um negócio que se torne sua ocupação em tempo integral? Compreender suas intenções desde o início permitirá que você defina um caminho apropriado e ajuste suas expectativas de acordo.

Definir metas de curto, médio e longo prazo é uma prática valiosa que pode ajudar a estruturar sua abordagem e a manter o foco. As metas de curto prazo geralmente abrangem um período de até seis meses e podem incluir ações específicas, como lançar seu primeiro produto, aumentar sua presença nas redes sociais ou gerar suas primeiras vendas. Elas são importantes porque proporcionam uma sensação imediata de realização e ajudam a construir impulso à medida que você avança.

As metas de médio prazo, que podem variar de seis meses a dois anos, permitem que você amplie sua visão. Neste estágio, você pode se concentrar em estabelecer sua marca, aumentar sua base de clientes ou diversificar sua oferta de produtos. Essas metas devem ser mais desafiadoras e exigirão planejamento e estratégia, mas ainda devem ser alcançáveis. Estabelecer essas metas ajudará a criar uma estrutura para o crescimento do seu negócio, permitindo que você avalie o progresso e faça ajustes conforme necessário.

Por último, as metas de longo prazo, que abrangem três anos ou mais, fornecem uma visão ampla do que você deseja alcançar em sua carreira empreendedora.

Isso pode incluir a expansão do seu negócio para novos mercados, a construção de uma equipe ou o desenvolvimento de uma linha de produtos mais robusta. Essas metas servem como um lembrete constante de sua visão e aspirações, ajudando a motivá-lo em momentos de desafio e incerteza.

Além de definir metas, é igualmente importante ter uma visão clara do que você quer alcançar. Essa visão não só guiará suas decisões diárias, mas também servirá como um ponto de referência quando você precisar fazer escolhas difíceis ou enfrentar obstáculos. Uma visão bem articulada pode inspirar não apenas você, mas também sua equipe e seus clientes, criando um senso de propósito em tudo o que você faz.

No entanto, ao longo da sua jornada, é fundamental estar aberto a ajustes. O mercado digital está em constante evolução, e o que pode parecer uma boa ideia hoje pode não ser tão viável amanhã. Novas tendências surgem, a concorrência muda e as necessidades do consumidor evoluem. Ser flexível e disposto a adaptar suas metas e estratégias é essencial para o sucesso a longo prazo. Isso não significa abandonar suas ambições, mas sim ajustá-las conforme necessário para se alinhar com a realidade do mercado.

Uma maneira eficaz de acompanhar seu progresso em relação às suas metas é implementar sistemas de avaliação. Ferramentas como análises de desempenho, feedback de clientes e revisões periódicas podem fornecer insights valiosos sobre o que está funcionando e o que precisa ser melhorado. Essas avaliações devem ser realizadas regularmente, permitindo que você faça ajustes de maneira proativa e não reativa.

Em resumo, estabelecer metas claras e ter uma visão bem definida são componentes essenciais para o sucesso de qualquer negócio digital. As metas de curto, médio e longo prazo ajudam a orientar suas decisões e a medir seu progresso, enquanto a flexibilidade para ajustar essas metas conforme o mercado evolui garantirá que você permaneça relevante e competitivo. Ao cultivar uma mentalidade de aprendizado e adaptação, você estará melhor preparado para enfrentar os desafios e aproveitar as oportunidades que surgirem ao longo de sua jornada empreendedora.

3.3. IDENTIFICANDO OPORTUNIDADES NO MERCADO DIGITAL

Analisar o mercado é um passo crucial para o sucesso de qualquer negócio digital. Compreender o ambiente em que você está operando não só fornece uma visão clara das tendências emergentes, mas também ajuda a identificar oportunidades e a compreender as necessidades do consumidor. Pergunte-se: quais são as tendências atuais que estão moldando seu setor? O que está ganhando popularidade? Como as preferências dos consumidores estão mudando? Essas questões são fundamentais para desenvolver uma estratégia eficaz.

Identificar problemas que você pode resolver com seus produtos ou serviços é uma parte essencial dessa análise. O sucesso de um negócio muitas vezes depende da capacidade de oferecer soluções que atendam a necessidades reais e específicas dos consumidores. Considere fazer pesquisas de opinião, entrevistas ou grupos focais para entender melhor quais desafios seu público-alvo enfrenta. Ao resolver problemas relevantes, você não só aumenta a probabilidade de sucesso, mas também constrói uma conexão mais forte com seus clientes.

Uma pesquisa de mercado bem elaborada ajudará a identificar nichos inexplorados e oportunidades que podem diferenciar você da concorrência. O mercado digital é vasto e, embora existam muitas opções, muitos empreendedores falham em encontrar seu espaço único. Nichos são segmentos específicos do mercado que podem ser menos saturados e, portanto, oferecem uma oportunidade para criar uma oferta diferenciada. Ao focar em um nicho específico, você pode atender a um público mais segmentado, tornando-se um especialista em sua área e estabelecendo uma base de clientes leais.

Além disso, o conhecimento do mercado permite que você crie um plano de ação focado e estratégico. Um plano de negócios bem estruturado não apenas delineia suas metas e estratégias, mas também inclui uma análise competitiva que destaca seus concorrentes diretos e indiretos. Compreender quem são os players existentes e quais estratégias eles utilizam pode oferecer insights valiosos sobre como você pode se destacar e o que você pode oferecer de diferente.

As ferramentas digitais podem facilitar muito essa análise. Existem diversas plataformas que oferecem dados sobre tendências de mercado, comportamento do consumidor e análises de concorrência. Google Trends, SEMrush e plataformas de redes sociais são exemplos de ferramentas que podem fornecer informações valiosas. Utilize essas ferramentas para acompanhar o que está em alta e como você pode alinhar seu negócio a essas tendências.

Por último, mas não menos importante, a análise de mercado deve ser um processo contínuo. O ambiente digital é dinâmico e em constante evolução. O que pode ser relevante hoje pode não ser amanhã. Portanto, é crucial revisar e atualizar sua pesquisa de mercado regularmente para se manter à frente das mudanças e adaptar suas estratégias conforme necessário. Isso não apenas ajudará você a identificar novas oportunidades, mas também a ajustar suas ofertas e abordagens de marketing para atender às necessidades em constante mudança de seus clientes.

Em resumo, a análise de mercado é um passo fundamental para qualquer empreendedor digital que deseja ter sucesso. Ao entender as tendências emergentes, identificar problemas a serem resolvidos e realizar uma pesquisa de mercado detalhada, você poderá descobrir nichos inexplorados e desenvolver um plano de ação focado. Essa abordagem estratégica não apenas melhora suas chances de se destacar da concorrência, mas também permite que você ofereça soluções valiosas que atendam às necessidades reais de seus clientes, criando assim uma base sólida para o crescimento e a sustentabilidade do seu negócio.

CAPÍTULO 4: FERRAMENTAS E TECNOLOGIAS ESSENCIAIS

4.1. PLATAFORMAS DE E-COMMERCE

As plataformas de e-commerce tornaram mais fácil do que nunca montar uma loja online, democratizando o acesso ao comércio digital e permitindo que empreendedores de todos os níveis lancem seus negócios com relativa facilidade. Com soluções como Shopify, WooCommerce e Mercado Livre, qualquer pessoa, independentemente de suas habilidades técnicas, pode criar uma loja virtual atraente e funcional. Essas plataformas oferecem uma variedade de recursos que eliminam muitos dos desafios tradicionais associados à configuração de uma loja física.

O Shopify, por exemplo, é uma das plataformas de e-commerce mais populares e reconhecidas mundialmente. Com uma interface intuitiva e um vasto conjunto de ferramentas, o Shopify permite que você crie uma loja online em questão de horas. Ele oferece uma ampla gama de templates personalizáveis, permitindo que você crie uma identidade visual que reflita sua marca. Além disso, a plataforma conta com integrações nativas para diversos meios de pagamento, facilitando o processo de checkout para os clientes e aumentando a taxa de conversão. O Shopify também possui ferramentas de marketing robustas, como e-mail marketing e integração com redes sociais, o que permite que você promova sua loja e atraia clientes de maneira eficiente.

O WooCommerce, por sua vez, é uma excelente opção para quem já está familiarizado com o WordPress. Sendo um plugin para a plataforma de gestão de conteúdo WordPress, o WooCommerce permite que você transforme um site comum em uma loja online poderosa. A flexibilidade e a personalização são algumas das suas principais características, tornando-o ideal para quem busca uma solução mais adaptável. Além disso, o WooCommerce oferece uma variedade de extensões e plugins que possibilitam adicionar funcionalidades específicas, como gerenciamento de estoque, análises detalhadas de vendas e métodos de envio personalizados.

O Mercado Livre, uma das maiores plataformas de e-commerce da América Latina, também merece destaque. Embora seja conhecido principalmente como um marketplace, onde vendedores podem listar seus produtos, ele oferece uma série de funcionalidades que podem beneficiar novos empreendedores. Com uma vasta audiência, o Mercado Livre proporciona uma visibilidade significativa para os produtos, o que pode ser uma grande vantagem para aqueles que estão começando. Além disso, a plataforma oferece suporte a meios de pagamento e uma gestão simplificada de pedidos e envios, tornando o processo mais fácil para os vendedores.

Essas plataformas não apenas simplificam a gestão do negócio, mas também oferecem controle de estoque em tempo real, permitindo que você acompanhe suas vendas e gerencie o inventário de maneira eficiente. Isso é especialmente importante em um ambiente de e-commerce, onde a disponibilidade do produto e a rapidez na entrega são fatores cruciais para a satisfação do cliente. A integração com ferramentas de marketing digital, como anúncios pagos e SEO, também é um ponto forte, permitindo que você promova seus produtos de maneira direcionada e aumente a visibilidade da sua loja online.

Além disso, a análise de dados é uma parte fundamental do comércio eletrônico moderno, e muitas dessas plataformas oferecem ferramentas de relatórios que ajudam a monitorar o desempenho da sua loja. Você pode acompanhar métricas essenciais, como taxa de conversão, volume de vendas e comportamento do cliente, permitindo que você tome decisões informadas e ajuste suas estratégias conforme necessário.

Em resumo, as plataformas de e-commerce, como Shopify, WooCommerce e Mercado Livre, tornaram o processo de montagem e gestão de uma loja online acessível e descomplicado. Com recursos integrados que abrangem desde métodos de pagamento até ferramentas de marketing e controle de estoque, essas soluções oferecem tudo o que você precisa para iniciar e crescer seu negócio digital. Ao escolher a plataforma certa e aproveitar suas funcionalidades, você poderá focar no que realmente importa: construir uma marca forte e oferecer uma experiência excepcional aos seus clientes.

4.2. FERRAMENTAS DE MARKETING DIGITAL

O sucesso de um negócio digital está intrinsicamente ligado a uma estratégia de marketing bem elaborada e executada. Em um ambiente competitivo, onde a atenção do consumidor é cada vez mais disputada, utilizar as ferramentas certas pode ser a diferença entre alcançar resultados significativos e passar despercebido no mercado. Ferramentas como MailChimp, RD Station e Hootsuite desempenham um papel crucial na automação de campanhas, no gerenciamento de redes sociais e na captação de leads, otimizando o trabalho do empreendedor e permitindo que ele se concentre em outras áreas do negócio.

O MailChimp é uma das plataformas de e-mail marketing mais conhecidas e utilizadas no mundo. Com sua interface amigável e recursos robustos, permite que empreendedores criem campanhas de e-mail personalizadas com facilidade. A automação é um dos principais atrativos do MailChimp, pois possibilita o envio de e-mails em momentos estratégicos, como após a inscrição de um lead ou após a compra de um produto. Além disso, a plataforma oferece análises detalhadas, permitindo que você acompanhe o desempenho das campanhas em tempo real, ajustando sua abordagem conforme necessário para maximizar a eficácia.

Por outro lado, o RD Station é uma ferramenta de automação de marketing voltada especialmente para o público brasileiro. Com recursos que vão além do e-mail marketing, o RD Station integra a captação de leads, nutrição de relacionamentos e gestão de vendas em um só lugar. Ele permite que você crie páginas de captura, formulários personalizados e fluxos de nutrição que ajudam a guiar leads ao longo do funil de vendas. O acompanhamento de métricas de conversão é fundamental, e o RD Station oferece relatórios detalhados que ajudam a entender quais estratégias estão funcionando e quais precisam de ajustes.

O Hootsuite, por sua vez, se destaca na gestão de redes sociais. Em um mundo onde as plataformas sociais são uma vitrine para os negócios, gerenciar sua presença online é essencial. O Hootsuite permite agendar posts, monitorar menções à sua marca e analisar o desempenho de suas publicações em várias redes sociais, tudo em uma única plataforma. Essa centralização economiza tempo e aumenta a eficiência, permitindo que você mantenha uma presença ativa nas redes sociais sem a necessidade de estar online o tempo todo. Além disso, a ferramenta fornece insights sobre o engajamento do público, ajudando você a entender melhor quais tipos de conteúdo ressoam com sua audiência.

Saber como utilizar essas ferramentas pode ser um diferencial significativo na sua estratégia digital. Não se trata apenas de automação, mas de construir relacionamentos autênticos com os clientes. A personalização das mensagens, a segmentação de listas e a análise de dados são práticas que permitem que você crie campanhas mais eficazes e que atendam às necessidades específicas de seu público-alvo. Isso não apenas aumenta as taxas de conversão, mas também contribui para a fidelização do cliente, um fator crucial para o crescimento sustentável de qualquer negócio.

Além disso, é importante lembrar que, embora as ferramentas automatizem muitos processos, o toque humano continua sendo essencial. Responder a comentários nas redes sociais, interagir com clientes via e-mail e oferecer um excelente atendimento ao cliente são ações que, quando realizadas de forma eficaz, podem fazer toda a diferença. O marketing digital deve ser visto como uma combinação de tecnologia e interação humana, onde as ferramentas servem para facilitar a comunicação e não para substituí-la.

Em suma, o marketing é uma peça-chave no quebra-cabeça do sucesso de um negócio digital. Com ferramentas como MailChimp, RD Station e Hootsuite, você pode automatizar processos, gerenciar sua presença online e captar leads de maneira eficaz. O domínio dessas ferramentas e a implementação de uma estratégia de marketing coerente e bem planejada não só aumentarão suas chances de sucesso, mas também criarão uma base sólida para o crescimento e a sustentabilidade do seu negócio digital no longo prazo.

4.3. REDES SOCIAIS E SUAS FUNCIONALIDADES COMERCIAIS

Cada rede social possui suas próprias características e funcionalidades que podem ser aproveitadas para impulsionar negócios, e entender como utilizá-las de forma eficaz é essencial para alcançar seu público-alvo e maximizar o potencial de vendas. Plataformas como Instagram, Facebook e YouTube têm se destacado no marketing digital, oferecendo ferramentas integradas que facilitam a promoção de produtos e serviços.

O Instagram, por exemplo, tornou-se uma plataforma poderosa para negócios, especialmente em setores visuais, como moda, beleza, gastronomia e turismo. Com a introdução das lojas integradas, os usuários podem navegar pelos produtos diretamente na plataforma, tornando a experiência de compra mais fluida. As funcionalidades como posts, stories e reels permitem que as marcas compartilhem conteúdo autêntico e engajador, o que é fundamental para construir uma conexão emocional com o público. O uso de hashtags relevantes e a colaboração com influenciadores também podem expandir o alcance das publicações e atrair novos seguidores e potenciais clientes. O Instagram Shopping não apenas simplifica o processo de compra, mas também permite que os empreendedores apresentem suas ofertas de maneira visualmente atraente.

O Facebook, por sua vez, ainda é uma das redes sociais mais utilizadas no mundo, e suas funcionalidades para negócios são amplas. Além das lojas integradas, o Facebook permite a criação de anúncios altamente segmentados, alcançando públicos específicos com base em interesses, localização e comportamentos. A capacidade de interagir com clientes através de mensagens diretas e comentários também facilita a construção de relacionamentos. Grupos do Facebook são outra ferramenta valiosa para criar comunidades em torno de marcas e produtos, permitindo que você se conecte com clientes em um nível mais pessoal e promova discussões sobre sua oferta.

O YouTube, como a maior plataforma de compartilhamento de vídeos do mundo, oferece oportunidades únicas para monetização e promoção de produtos. Criadores de conteúdo podem gerar receita através de anúncios, parcerias e patrocínios. Além disso, vídeos de demonstração, tutoriais e depoimentos de clientes são estratégias eficazes para mostrar seus produtos em ação e educar seu público. O conteúdo de vídeo não só é mais envolvente, mas também ajuda a construir autoridade e credibilidade no seu nicho. Com o uso adequado de SEO para vídeos, como descrições otimizadas e tags relevantes, é possível aumentar a visibilidade e o alcance do seu conteúdo.

Entender como usar essas plataformas de forma sinérgica pode aumentar exponencialmente o impacto das suas campanhas de marketing. Por exemplo, você pode criar um vídeo no YouTube que demonstre seu produto e, em seguida, promovê-lo no Instagram e Facebook, direcionando o tráfego de volta para sua loja online. Essa abordagem integrada não apenas maximiza o alcance, mas também fornece várias oportunidades de engajamento com seu público.

Por último, mas não menos importante, a análise de dados é uma ferramenta indispensável em todas essas plataformas. O monitoramento de métricas, como engajamento, alcance e conversões, permite que você entenda o que está funcionando e o que precisa ser ajustado. A utilização de ferramentas analíticas disponibilizadas pelas próprias redes sociais pode ajudar a otimizar sua estratégia ao longo do tempo, garantindo que você permaneça alinhado com as preferências e comportamentos do seu público.

Em resumo, cada rede social oferece um conjunto único de ferramentas e funcionalidades que, quando bem utilizadas, podem impulsionar significativamente um negócio digital. O Instagram e o Facebook oferecem lojas integradas e possibilidades de interação direta com os clientes, enquanto o YouTube permite a criação de conteúdo envolvente e monetização através de anúncios. Compreender como explorar essas plataformas para promover seus produtos ou serviços é fundamental para alcançar seu público-alvo e construir uma presença online robusta e bem-sucedida.

4.4. SOFTWARES DE CRIAÇÃO DE CONTEÚDO

Para se destacar no mercado digital, a criação de conteúdo de qualidade é essencial. Em um ambiente saturado, onde os consumidores são bombardeados com informações a todo momento, fornecer conteúdo relevante, atraente e visualmente impactante é o que separa as marcas que se destacam daquelas que passam despercebidas. Ferramentas como Canva, Adobe Photoshop e Final Cut Pro são indispensáveis para a produção de materiais visuais e vídeos profissionais, enquanto plataformas como WordPress oferecem soluções robustas para blogs e sites.

O Canva, por exemplo, é uma ferramenta de design gráfico acessível que permite a qualquer pessoa, independentemente de suas habilidades de design, criar materiais visuais de alta qualidade. Com uma ampla variedade de templates personalizáveis, você pode criar posts para redes sociais, apresentações, infográficos e muito mais em poucos cliques. O Canva também oferece uma biblioteca rica de imagens, ícones e elementos gráficos, facilitando a produção de conteúdo visual que não apenas captura a atenção, mas também comunica a mensagem da sua marca de maneira clara e eficaz. Além disso, sua interface intuitiva permite que equipes colaborem em tempo real, tornando o processo de criação ainda mais eficiente.

O Adobe Photoshop, por sua vez, é uma ferramenta mais avançada e amplamente reconhecida na indústria criativa. Com suas funcionalidades poderosas de edição de imagem, você pode criar visuais complexos e artísticos que ajudam a destacar sua marca em um mercado competitivo. Desde a manipulação de fotos até a criação de gráficos digitais elaborados, o Photoshop oferece uma flexibilidade que pode elevar a qualidade do seu conteúdo a um novo patamar. Embora tenha uma curva de aprendizado mais acentuada, investir tempo para aprender a usá-lo pode resultar em materiais impressionantes que transmitem profissionalismo e dedicação.

Para a produção de vídeos, o Final Cut Pro se destaca como uma das melhores opções para editores de vídeo, especialmente para usuários de Mac. Com suas ferramentas avançadas de edição e suporte a uma ampla variedade de formatos de vídeo, o Final Cut Pro permite que você crie vídeos envolventes e de alta qualidade. A edição de vídeo é uma parte crucial da estratégia de conteúdo moderno, pois o vídeo é um dos formatos mais consumidos na internet. Um vídeo bem produzido pode aumentar a retenção de audiência e a taxa de conversão, tornando-se uma ferramenta poderosa para a promoção de produtos e serviços.

Além das ferramentas de design, plataformas como WordPress desempenham um papel crucial na criação e gerenciamento de blogs e sites. Com sua interface amigável e uma variedade de plugins disponíveis, o WordPress permite que você crie um site profissional sem a necessidade de conhecimentos avançados de programação. A otimização para SEO, o gerenciamento de conteúdo e a facilidade de personalização fazem do WordPress uma escolha popular entre blogueiros e empreendedores digitais. Criar um blog no WordPress não apenas ajuda a estabelecer sua autoridade no nicho escolhido, mas também oferece uma plataforma para compartilhar conhecimento e atrair um público engajado.

O conteúdo de qualidade não se limita apenas à estética; ele também deve ser informativo e relevante para o seu público-alvo. Ao produzir materiais que atendem às necessidades e interesses de sua audiência, você não apenas aumenta o engajamento, mas também estabelece confiança e credibilidade. Isso é crucial, pois os consumidores estão mais propensos a comprar de marcas que consideram confiáveis e que oferecem valor real.

Portanto, ao investir tempo e recursos na criação de conteúdo de qualidade, utilizando ferramentas como Canva, Adobe Photoshop, Final Cut Pro e WordPress, você está construindo uma base sólida para o sucesso do seu negócio digital. A qualidade do conteúdo é um reflexo da sua marca e, quando feito corretamente, pode ser a chave para se destacar em um mercado digital cada vez mais competitivo. Ao combinar um design atraente com informações valiosas, você pode captar a atenção do seu público e converter visualizações em ações, como compras, inscrições ou compartilhamentos, elevando sua presença digital a novos patamares.

CAPÍTULO 5: COMO CONSTRUIR SUA PRESENÇA ONLINE

5.1. A IMPORTÂNCIA DA MARCA PESSOAL

Sua marca pessoal é o que o diferencia em um mercado saturado e competitivo. Em um mundo onde os consumidores têm acesso a uma infinidade de opções, uma identidade sólida e autêntica se torna um fator crucial para atrair e reter seu público-alvo. A forma como você se apresenta e comunica seus valores não apenas impacta a percepção que as pessoas têm de você, mas também estabelece uma conexão emocional que pode influenciar a decisão de compra.

Desenvolver uma marca pessoal eficaz começa com a definição de uma narrativa clara sobre quem você é e o que representa. Essa narrativa deve refletir sua história, suas paixões e suas experiências, permitindo que você se conecte de maneira genuína com seu público. Ao compartilhar suas vivências e desafios, você humaniza sua marca e cria uma base para a confiança. As pessoas são atraídas por histórias autênticas, e ao se posicionar como alguém que entende suas necessidades e aspirações, você se torna mais acessível e relacionável.

A construção de uma identidade de marca pessoal também envolve a definição de valores e crenças que ressoem com seu público. Esses valores devem ser genuínos e refletir quem você é, pois a autenticidade é um dos pilares fundamentais da construção de uma marca sólida. Considere o que é importante para você e como isso se alinha com as expectativas e desejos do seu público-alvo. Essa sinergia entre seus valores pessoais e os valores do seu público não apenas fortalece sua conexão, mas também ajuda a estabelecer uma comunidade leal ao seu redor.

Além disso, a consistência é vital na construção da sua marca pessoal. Isso inclui a forma como você se comunica, o estilo visual que utiliza e a mensagem que compartilha. Seja em suas redes sociais, em seu site ou em qualquer outra plataforma, a uniformidade em sua apresentação ajuda a solidificar sua identidade. Os consumidores se sentem mais à vontade para confiar em marcas que são consistentes em suas mensagens e visuais, pois isso demonstra profissionalismo e comprometimento.

As redes sociais oferecem uma plataforma poderosa para amplificar sua marca pessoal. Utilize-as para compartilhar conteúdo que reflita sua narrativa, valores e experiência. Interagir com seu público, responder a comentários e participar de conversas relevantes ajuda a construir relacionamentos significativos e a estabelecer sua autoridade no nicho escolhido. Mostrar-se acessível e disposto a dialogar não só engaja seu público, mas também humaniza sua marca, tornando-a mais atraente.

Outra estratégia eficaz é buscar colaborações com outras marcas ou influenciadores que compartilhem valores semelhantes. Essas parcerias podem ampliar seu alcance e ajudar a fortalecer sua credibilidade. Ao se associar a outras vozes respeitáveis em seu setor, você pode se beneficiar da confiança que essas marcas já conquistaram, o que pode acelerar o processo de construção da sua própria reputação.

Em resumo, sua marca pessoal é uma extensão de quem você é e deve refletir suas paixões, valores e experiências. Ao criar uma identidade autêntica e sólida, você não apenas atrai seu público-alvo, mas também gera confiança e lealdade. Desenvolver uma narrativa coerente, ser consistente em sua apresentação e interagir com seu público são passos fundamentais para construir uma marca que ressoe de forma significativa. Ao investir na construção de sua marca pessoal, você está pavimentando o caminho para o sucesso em um mercado digital cada vez mais competitivo e dinâmico.

5.2. ESTRATÉGIAS PARA REDES SOCIAIS

Redes sociais são ferramentas essenciais para construir e engajar sua audiência em um ambiente digital cada vez mais competitivo. Com bilhões de usuários ativos, essas plataformas oferecem uma oportunidade única para se conectar com seu público-alvo, compartilhar sua mensagem e promover seus produtos ou serviços. No entanto, apenas estar presente nas redes sociais não é suficiente; a criação de conteúdo relevante e engajante é fundamental para atrair seguidores e, mais importante, convertê-los em clientes.

A primeira etapa para construir sua presença nas redes sociais é entender quem é o seu público. Conhecer suas preferências, necessidades e comportamentos permitirá que você crie conteúdo que ressoe com eles. Isso pode incluir postagens informativas, histórias inspiradoras, dicas úteis ou até mesmo entretenimento que reflita os valores da sua marca. A chave é oferecer valor genuíno, pois os usuários são mais propensos a interagir com conteúdo que consideram interessante ou útil.

Utilizar as funcionalidades específicas de cada plataforma é uma estratégia poderosa para aumentar o alcance da sua marca. Por exemplo, o Instagram é altamente visual, o que significa que conteúdos atrativos e esteticamente agradáveis tendem a ter um desempenho melhor. Aproveitar ferramentas como Stories, Reels e IGTV para compartilhar conteúdos dinâmicos e criativos pode ajudar a manter seu público engajado e interessado. Além disso, a interação com seus seguidores, através de comentários e mensagens diretas, é crucial para construir relacionamentos duradouros.

Por outro lado, plataformas como Facebook e LinkedIn oferecem funcionalidades de segmentação de anúncios que permitem alcançar públicos específicos com precisão. Investir em anúncios segmentados pode ser uma maneira eficaz de expandir sua audiência, pois permite que você direcione suas campanhas para grupos demográficos, interesses e comportamentos específicos. Isso não só aumenta a visibilidade da sua marca, mas também pode resultar em leads qualificados que estão mais propensos a se tornarem clientes.

Publicações patrocinadas são outra maneira eficaz de aumentar seu alcance nas redes sociais. Ao promover postagens que já estão performando bem organicamente, você pode amplificar seu alcance e atrair novos seguidores. As métricas de engajamento, como curtidas, comentários e compartilhamentos, são sinais valiosos de que seu conteúdo ressoa com o público, e investir em promovê-las pode gerar um retorno significativo.

Além disso, a consistência é crucial nas redes sociais. Estabelecer um cronograma de postagens regular ajuda a manter sua marca na mente dos seguidores e a cultivar uma comunidade engajada. A variação do tipo de conteúdo, como vídeos, imagens, enquetes e posts informativos, também pode manter seu feed interessante e dinâmico.

Por fim, não subestime a importância de analisar os resultados das suas campanhas e postagens. As redes sociais oferecem uma ampla gama de ferramentas analíticas que permitem rastrear o desempenho do seu conteúdo e ajustar suas estratégias conforme necessário. Monitorar métricas como alcance, engajamento e conversões pode oferecer insights valiosos sobre o que está funcionando e o que precisa ser aprimorado.

Em resumo, as redes sociais são fundamentais para construir sua audiência e impulsionar sua marca no ambiente digital. Criar conteúdo relevante e engajador, utilizar as funcionalidades específicas de cada plataforma, investir em anúncios segmentados e manter uma consistência nas postagens são passos cruciais para converter seguidores em clientes. Ao implementar essas estratégias, você não apenas amplia o alcance da sua marca, mas também estabelece relacionamentos significativos que podem resultar em uma base de clientes leal e engajada.

5.3. CRIANDO UM SITE OU BLOG

Redes sociais são ferramentas essenciais para construir e engajar sua audiência em um ambiente digital cada vez mais competitivo. Com bilhões de usuários ativos, essas plataformas oferecem uma oportunidade única para se conectar com seu público-alvo, compartilhar sua mensagem e promover seus produtos ou serviços. No entanto, apenas estar presente nas redes sociais não é suficiente; a criação de conteúdo relevante e engajante é fundamental para atrair seguidores e, mais importante, convertê-los em clientes.

A primeira etapa para construir sua presença nas redes sociais é entender quem é o seu público. Conhecer suas preferências, necessidades e comportamentos permitirá que você crie conteúdo que ressoe com eles. Isso pode incluir postagens informativas, histórias inspiradoras, dicas úteis ou até mesmo entretenimento que reflita os valores da sua marca. A chave é oferecer valor genuíno, pois os usuários são mais propensos a interagir com conteúdo que consideram interessante ou útil.

Utilizar as funcionalidades específicas de cada plataforma é uma estratégia poderosa para aumentar o alcance da sua marca. Por exemplo, o Instagram é altamente visual, o que significa que conteúdos atrativos e esteticamente agradáveis tendem a ter um desempenho melhor. Aproveitar ferramentas como Stories, Reels e IGTV para compartilhar conteúdos dinâmicos e criativos pode ajudar a manter seu público engajado e interessado. Além disso, a interação com seus seguidores, através de comentários e mensagens diretas, é crucial para construir relacionamentos duradouros.

Por outro lado, plataformas como Facebook e LinkedIn oferecem funcionalidades de segmentação de anúncios que permitem alcançar públicos específicos com precisão. Investir em anúncios segmentados pode ser uma maneira eficaz de expandir sua audiência, pois permite que você direcione suas campanhas para grupos demográficos, interesses e comportamentos específicos. Isso não só aumenta a visibilidade da sua marca, mas também pode resultar em leads qualificados que estão mais propensos a se tornarem clientes.

Publicações patrocinadas são outra maneira eficaz de aumentar seu alcance nas redes sociais. Ao promover postagens que já estão performando bem organicamente, você pode amplificar seu alcance e atrair novos seguidores. As métricas de engajamento, como curtidas, comentários e compartilhamentos, são sinais valiosos de que seu conteúdo ressoa com o público, e investir em promovê-las pode gerar um retorno significativo.

Além disso, a consistência é crucial nas redes sociais. Estabelecer um cronograma de postagens regular ajuda a manter sua marca na mente dos seguidores e a cultivar uma comunidade engajada. A variação do tipo de conteúdo, como vídeos, imagens, enquetes e posts informativos, também pode manter seu feed interessante e dinâmico.

Por fim, não subestime a importância de analisar os resultados das suas campanhas e postagens. As redes sociais oferecem uma ampla gama de ferramentas analíticas que permitem rastrear o desempenho do seu conteúdo e ajustar suas estratégias conforme necessário. Monitorar métricas como alcance, engajamento e conversões pode oferecer insights valiosos sobre o que está funcionando e o que precisa ser aprimorado.

Em resumo, as redes sociais são fundamentais para construir sua audiência e impulsionar sua marca no ambiente digital. Criar conteúdo relevante e engajador, utilizar as funcionalidades específicas de cada plataforma, investir em anúncios segmentados e manter uma consistência nas postagens são passos cruciais para converter seguidores em clientes. Ao implementar essas estratégias, você não apenas amplia o alcance da sua marca, mas também estabelece relacionamentos significativos que podem resultar em uma base de clientes leal e engajada.

5.4. SEO: OTIMIZAÇÃO PARA MOTORES DE BUSCA

O SEO (Search Engine Optimization) é um conjunto abrangente de técnicas e estratégias projetadas para melhorar o posicionamento do seu site nos resultados de busca. À medida que a internet se torna cada vez mais saturada de informações, a otimização para mecanismos de busca se torna essencial para garantir que seu conteúdo se destaque. Com a implementação de boas práticas de SEO, seu site não apenas se torna mais visível, mas também se torna um recurso valioso para aqueles que estão procurando exatamente o que você oferece. Essa visibilidade aumentada, por sua vez, eleva as chances de conversão, transformando visitantes em clientes.

A base do SEO eficaz começa com uma pesquisa de palavras-chave abrangente. Identificar quais termos e frases seu público-alvo está usando para buscar produtos ou informações semelhantes às suas é crucial. Utilizando ferramentas como o Google Keyword Planner, SEMrush ou Ahrefs, você pode descobrir palavras-chave relevantes e avaliar sua concorrência. Isso não apenas orienta o conteúdo que você deve criar, mas também ajuda a estruturar suas páginas de forma que sejam mais atraentes para os mecanismos de busca.

Além da pesquisa de palavras-chave, a otimização on-page é um aspecto fundamental do SEO. Isso inclui a utilização adequada das palavras-chave nos títulos, subtítulos, meta descrições, URLs e no próprio corpo do texto. A criação de conteúdo de alta qualidade que responda às perguntas dos usuários e forneça soluções relevantes é vital. Além disso, a experiência do usuário (UX) também desempenha um papel significativo; um site que carrega rapidamente, é fácil de navegar e tem um design responsivo em dispositivos móveis tende a ter um melhor desempenho nos resultados de busca.

Outro componente crucial do SEO é o link building. Construir uma rede de links de qualidade, tanto internos quanto externos, pode ajudar a aumentar a autoridade do seu site. Links de outros sites respeitáveis que apontam para o seu conteúdo são vistos pelos mecanismos de busca como um sinal de confiabilidade e relevância. Para isso, estratégias como guest blogging, colaborações e a criação de conteúdo que incentive compartilhamentos são práticas eficazes.

Além disso, é importante monitorar e ajustar suas estratégias de SEO continuamente. Ferramentas como Google Analytics e Google Search Console podem fornecer dados valiosos sobre o desempenho do seu site, ajudando a identificar quais áreas precisam de melhorias. A análise de métricas como taxa de cliques (CTR), tempo médio de permanência na página e a taxa de rejeição pode oferecer insights sobre o que está funcionando e o que precisa ser otimizado.

Em resumo, o SEO é uma estratégia essencial para qualquer negócio online que busca aumentar sua visibilidade e atrair um público relevante. Com uma pesquisa de palavras-chave adequada, otimização on-page, link building eficaz e monitoramento contínuo, você pode criar um site que não só se destaca nos resultados de busca, mas também oferece um valor real aos seus visitantes, convertendo-os em clientes fiéis.

CAPÍTULO 6: MONETIZAÇÃO E ESCALA

6.1. FORMAS DE MONETIZAR SEU CONTEÚDO

Existem diversas maneiras de monetizar seu conteúdo online, cada uma oferecendo oportunidades únicas de geração de receita. Anúncios, vendas de produtos, programas de afiliados e patrocínios são algumas das opções disponíveis, mas a escolha do método mais adequado depende do tipo de conteúdo que você cria e do perfil da sua audiência.

Uma das formas mais comuns de monetização é através de anúncios. Plataformas como Google AdSense permitem que você exiba anúncios relevantes em seu site ou canal de vídeo e receba uma comissão sempre que os visitantes clicam neles. Essa estratégia pode ser particularmente eficaz se você tiver um volume elevado de tráfego, pois os ganhos estão diretamente relacionados ao número de visualizações e cliques. No entanto, é importante garantir que os anúncios não comprometam a experiência do usuário, pois isso pode levar a uma alta taxa de rejeição e, consequentemente, a uma diminuição do tráfego.

A venda de produtos, sejam físicos ou digitais, é outra maneira eficaz de monetizar seu conteúdo. Se você possui habilidades em artesanato, pode considerar a venda de produtos em plataformas como Etsy ou montar sua própria loja online. Para infoprodutos, como cursos, ebooks ou consultorias, você pode utilizar plataformas como Hotmart ou Udemy. Esse método não apenas gera receita, mas também posiciona você como um especialista em sua área, fortalecendo sua marca pessoal.

Os programas de afiliados oferecem uma alternativa interessante, permitindo que você promova produtos de outras empresas e receba uma comissão por cada venda gerada através de seus links de recomendação. Essa estratégia pode ser especialmente lucrativa se você criar conteúdo em torno de nichos específicos, onde a audiência confia em suas recomendações. Muitas empresas, como Amazon, oferecem programas de afiliados que são fáceis de integrar em blogs ou canais de mídia social.

Os patrocínios também representam uma oportunidade significativa de monetização, especialmente para criadores de conteúdo com uma audiência engajada. Marcas estão cada vez mais dispostas a pagar para que você promova seus produtos ou serviços em seu conteúdo. Essa abordagem não apenas gera receita, mas também pode resultar em parcerias valiosas que ajudam a aumentar ainda mais sua visibilidade. Para atrair patrocinadores, é fundamental demonstrar um público fiel e engajado, apresentando estatísticas de desempenho que evidenciem o impacto de suas postagens.

Além desses métodos, outras formas de monetização incluem a criação de conteúdo exclusivo em plataformas de assinatura, como Patreon, onde seus seguidores podem apoiar seu trabalho em troca de benefícios exclusivos. Isso não só proporciona uma fonte de renda, mas também fortalece a relação com sua audiência.

Em suma, a monetização do conteúdo online é um campo vasto e cheio de oportunidades. A chave para o sucesso é escolher o método que mais se alinha com o seu tipo de conteúdo e as preferências de sua audiência. Com uma abordagem estratégica e adaptada ao seu público, você pode transformar sua paixão em uma fonte de renda sustentável.

6.2. ESTRATÉGIAS DE VENDA E CONVERSÃO

Para transformar seus visitantes em clientes, é crucial implementar estratégias de venda bem definidas que guiem o usuário ao longo do processo de compra. O uso de técnicas de funil de vendas é fundamental, pois ele permite entender a jornada do cliente desde a descoberta até a conversão. O funil é dividido em diferentes etapas: conscientização, consideração e decisão. Cada uma dessas fases requer abordagens específicas para engajar o consumidor e incentivá-lo a avançar para a próxima etapa.

Na fase de conscientização, o objetivo é atrair a atenção do público-alvo por meio de conteúdo relevante e informativo. Isso pode incluir postagens de blog, vídeos, infográficos e publicações nas redes sociais que abordem as dores e interesses do seu público. A partir daí, você pode usar páginas de captura para coletar informações dos visitantes, como nome e e-mail, em troca de conteúdo exclusivo, como um ebook ou um webinar. Essas páginas devem ser visualmente atraentes e ter um formulário de fácil preenchimento, além de uma proposta de valor clara.

Uma vez que você tenha capturado os dados do usuário, o próximo passo é nutrir esse lead através de e-mails e interações regulares. É aqui que o entendimento do comportamento do consumidor se torna essencial. Ao segmentar sua lista de e-mails e personalizar as mensagens com base nas interações anteriores, você pode aumentar a relevância do conteúdo e as taxas de abertura e clique.

À medida que os leads se movem para a fase de consideração, é importante apresentar ofertas atrativas que demonstrem o valor do seu produto ou serviço. Isso pode incluir demonstrações, estudos de caso e depoimentos de clientes satisfeitos. Tais elementos ajudam a construir confiança e credibilidade, essenciais para convencer o visitante a se tornar um cliente.

Na fase de decisão, a utilização de chamadas para ação (CTAs) claras e diretas é crucial. CTAs bem elaborados, que incentivam o visitante a realizar uma ação específica, como "Compre agora", "Experimente grátis" ou "Inscreva-se hoje", devem ser posicionados estrategicamente em seu site e em e-mails. Eles devem ser visualmente destacados e acompanhados de um senso de urgência, como ofertas por tempo limitado, para estimular a ação imediata.

Além disso, é importante monitorar e ajustar suas estratégias com base no feedback recebido e nas métricas de desempenho. Analisar taxas de conversão, abandono de carrinho e outros dados relevantes pode fornecer insights valiosos sobre onde os visitantes estão encontrando dificuldades. Com essa informação, você pode fazer ajustes em suas ofertas, melhorar a usabilidade do seu site e refinar suas mensagens de marketing.

Em resumo, transformar visitantes em clientes requer uma abordagem estratégica e bem definida, que envolva a implementação de funis de vendas, páginas de captura eficazes, CTAs impactantes e a capacidade de entender e se adaptar ao comportamento do consumidor. Ao se concentrar nessas áreas, você estará melhor posicionado para maximizar suas conversões e construir uma base de clientes leais e engajados.

6.3. PUBLICIDADE ONLINE: FACEBOOK ADS E GOOGLE ADS

Campanhas pagas são uma maneira eficaz de acelerar o crescimento do seu negócio digital, proporcionando visibilidade imediata e direcionada para seu público-alvo. Entre as ferramentas mais poderosas disponíveis, o Facebook Ads e o Google Ads se destacam por suas capacidades de segmentação avançadas, permitindo que você alcance pessoas que estão mais propensas a se interessar por seus produtos ou serviços.

O Facebook Ads, por exemplo, oferece uma variedade de opções de segmentação, incluindo dados demográficos, interesses, comportamentos e localização geográfica. Isso significa que você pode criar anúncios que falem diretamente com o seu público-alvo, aumentando as chances de engajamento e conversão. Além disso, o Facebook permite que você teste diferentes criativos e formatos de anúncios, como carrosséis, vídeos e postagens patrocinadas, para ver o que ressoa melhor com sua audiência.

Por outro lado, o Google Ads se destaca pela sua capacidade de alcançar usuários em um momento de intenção ativa. Ao segmentar palavras-chave relevantes, você pode garantir que seus anúncios sejam exibidos para pessoas que estão ativamente buscando soluções relacionadas ao que você oferece. Isso é particularmente eficaz para gerar leads qualificados, pois esses usuários já estão em uma mentalidade de compra. A estratégia de lances e a otimização de anúncios no Google Ads são cruciais, pois o sucesso de uma campanha depende não apenas de selecionar as palavras-chave corretas, mas também de configurar lances competitivos e monitorar continuamente o desempenho dos anúncios.

A definição do orçamento é outro fator crítico em campanhas pagas. É importante determinar quanto você está disposto a investir e como isso se alinha com suas metas de marketing. Um orçamento bem definido permite que você gerencie seus gastos de forma eficaz e teste diferentes abordagens sem comprometer a saúde financeira do seu negócio. Além disso, é recomendável monitorar o retorno sobre o investimento (ROI) de suas campanhas para entender quais estratégias estão gerando resultados positivos e quais precisam de ajustes.

A otimização contínua dos anúncios é essencial para maximizar os resultados das suas campanhas. Isso inclui testar diferentes elementos, como títulos, descrições, imagens e CTAs, e usar os dados coletados para fazer ajustes informados. Ferramentas de análise integradas, tanto no Facebook quanto no Google, permitem que você monitore métricas como cliques, impressões e conversões, oferecendo insights valiosos sobre o desempenho de suas campanhas.

Em resumo, campanhas pagas têm o potencial de acelerar o crescimento do seu negócio ao aumentar a visibilidade e atrair leads qualificados. O sucesso dessas campanhas depende de uma segmentação eficaz do público, da definição de um orçamento adequado e da otimização contínua dos anúncios. Ao implementar uma estratégia bem planejada e monitorar os resultados, você pode maximizar o impacto de suas campanhas pagas e impulsionar o sucesso do seu negócio digital.

6.4. AUTOMAÇÃO PARA ESCALAR O NEGÓCIO

Automatizar processos é uma estratégia essencial para escalar um negócio digital de forma eficiente e sustentável. À medida que seu negócio cresce, as demandas diárias também aumentam, e a automação se torna uma ferramenta poderosa para gerenciar essas tarefas sem comprometer a qualidade ou a atenção aos detalhes. Com a implementação de ferramentas de automação, você pode otimizar diversos aspectos do seu negócio, desde marketing até operações administrativas, permitindo que você se concentre em estratégias de crescimento mais amplas.

Uma das áreas mais impactadas pela automação é o marketing. Ferramentas de automação de e-mails, como Mailchimp ou ActiveCampaign, permitem que você crie campanhas personalizadas que se ajustam ao comportamento do seu público. Isso significa que, ao invés de enviar e-mails em massa, você pode segmentar sua lista e enviar conteúdos relevantes para grupos específicos, aumentando as taxas de abertura e conversão. Além disso, essas ferramentas podem agendar envios automáticos, nutrindo leads enquanto você se dedica a outras áreas do seu negócio.

A gestão de redes sociais também se beneficia significativamente da automação. Plataformas como Hootsuite e Buffer permitem que você agende postagens com antecedência, garantindo que seu conteúdo seja compartilhado em horários otimizados, mesmo quando você não está disponível. Essas ferramentas também oferecem análises detalhadas que ajudam a monitorar o desempenho de suas postagens, permitindo ajustes e otimizações em tempo real. Com a automação, você mantém uma presença constante nas redes sociais sem ter que estar online o tempo todo, o que é crucial para construir e engajar sua audiência.

No aspecto das vendas, a automação pode simplificar o processo de checkout e gestão de clientes. Ferramentas de CRM (Customer Relationship Management), como HubSpot ou Salesforce, ajudam a rastrear interações com clientes e gerenciar leads de forma eficaz. Essas soluções permitem que você automatize o follow-up de vendas, lembretes de carrinho abandonado e outros processos que podem ser repetitivos, mas são fundamentais para manter o fluxo de vendas ativo.

Além disso, a automação reduz a margem de erro humano, garantindo que processos repetitivos sejam realizados de forma consistente e precisa. Isso não apenas melhora a eficiência, mas também contribui para uma experiência mais suave e satisfatória para seus clientes. A capacidade de operar continuamente, mesmo quando você não está presente, oferece uma vantagem competitiva significativa, permitindo que seu negócio funcione de forma autônoma e esteja sempre disponível para os clientes.

Por fim, é importante lembrar que a automação não deve substituir o toque humano que é vital em muitos aspectos do negócio. Em vez disso, deve ser vista como uma ferramenta que libera tempo e recursos, permitindo que você se concentre em construir relacionamentos significativos com seus clientes e em estratégias de crescimento. Ao integrar a automação de forma inteligente e estratégica em seu negócio digital, você não apenas aumenta a eficiência, mas também cria um ambiente propício para a inovação e o crescimento sustentável.

CAPÍTULO 7: GERENCIANDO SUAS FINANÇAS DIGITAIS

7.1. GESTÃO FINANCEIRA PARA EMPREENDEDORES DIGITAIS

Gerenciar bem as finanças é crucial para o sucesso de um negócio digital, pois a saúde financeira é um dos pilares que sustentam a operação e o crescimento da empresa. Em um ambiente competitivo e dinâmico, onde as oportunidades podem surgir rapidamente, a capacidade de manter as finanças organizadas e sob controle se torna ainda mais importante. Um bom gerenciamento financeiro não se resume apenas a manter um registro de receitas e despesas; envolve um planejamento estratégico que permite visualizar a saúde do negócio em tempo real, tomar decisões informadas e garantir a sustentabilidade a longo prazo.

O controle de custos é um aspecto fundamental da gestão financeira. Isso inclui não apenas acompanhar o que está sendo gasto, mas também entender a natureza dessas despesas. É vital categorizar os custos em fixos e variáveis e identificar quais despesas são essenciais para a operação e quais podem ser reduzidas ou eliminadas. Essa análise detalhada permite que os empreendedores tenham uma visão clara de onde estão investindo seus recursos e, consequentemente, onde podem fazer ajustes para melhorar a eficiência. Por exemplo, um negócio digital pode ter custos com publicidade, ferramentas de software, taxas de plataforma e serviços de entrega. Identificar áreas onde é possível cortar custos sem comprometer a qualidade do serviço é uma estratégia inteligente para aumentar a margem de lucro.

Além do controle de custos, o planejamento de investimentos é outro componente crítico da gestão financeira. Quando um negócio começa a gerar lucros, é tentador usar esses recursos para gastos pessoais ou para uma expansão rápida. No entanto, é fundamental destinar uma parte dos lucros para investimentos estratégicos que possam trazer retornos significativos no futuro. Isso pode incluir a melhoria de produtos, a adoção de novas tecnologias ou o fortalecimento de campanhas de marketing. Um planejamento cuidadoso ajuda a garantir que os investimentos sejam feitos de maneira consciente, com foco no crescimento sustentável.

Para facilitar o gerenciamento financeiro, o uso de ferramentas como planilhas e softwares de gestão financeira é altamente recomendado. Essas ferramentas não apenas tornam o processo de controle financeiro mais eficiente, mas também oferecem recursos avançados que ajudam na análise de dados. Planilhas, por exemplo, podem ser personalizadas para atender às necessidades específicas do negócio, permitindo que os empreendedores acompanhem receitas, despesas, lucros e outros indicadores financeiros de forma clara e organizada. Por outro lado, softwares de gestão financeira podem oferecer funcionalidades adicionais, como relatórios automáticos, previsões financeiras e integração com contas bancárias, o que simplifica ainda mais o acompanhamento financeiro.

A automatização de processos financeiros também pode trazer benefícios significativos. Com o uso de softwares, é possível automatizar o envio de faturas, o acompanhamento de pagamentos e até mesmo a geração de relatórios financeiros. Essa automação não só economiza tempo, mas também reduz o risco de erros que podem ocorrer quando as finanças são gerenciadas manualmente. Além disso, muitos desses programas oferecem recursos de análise de dados que permitem que os empreendedores visualizem tendências financeiras ao longo do tempo, facilitando a identificação de padrões e a tomada de decisões informadas.

Outra prática importante no gerenciamento financeiro é a criação de um fundo de reserva. Manter uma reserva financeira é essencial para enfrentar imprevistos e garantir a continuidade do negócio em tempos de crise. Esse fundo pode ser utilizado em situações emergenciais, como a perda de um cliente importante ou a necessidade de um investimento inesperado. Ao estabelecer uma reserva, o empreendedor cria um colchão de segurança que ajuda a evitar o uso de crédito ou endividamento em momentos de dificuldade.

Por fim, é crucial monitorar continuamente a saúde financeira do negócio. Isso envolve não apenas a revisão regular dos relatórios financeiros, mas também a análise dos principais indicadores de desempenho, como margem de lucro, retorno sobre investimento (ROI) e fluxo de caixa. Compreender esses números permite que o empreendedor tenha uma visão clara do desempenho do negócio e faça ajustes quando necessário. Além disso, a revisão periódica das finanças proporciona insights sobre o que está funcionando e o que pode ser melhorado, permitindo que o empresário tome decisões informadas para o futuro.

Em resumo, gerenciar as finanças de um negócio digital de forma eficaz é fundamental para garantir seu sucesso e sustentabilidade. Um controle rigoroso de custos, um planejamento cuidadoso de investimentos e o uso de ferramentas de gestão financeira são práticas essenciais que ajudam a manter a saúde financeira da empresa. Com uma abordagem proativa e organizada, os empreendedores não apenas protegem seus negócios de riscos financeiros, mas também criam as condições para um crescimento sólido e contínuo.

7.2. TRIBUTAÇÃO E LEGALIZAÇÃO DE NEGÓCIOS ONLINE

Todo negócio, independentemente do seu tamanho ou setor, precisa estar devidamente regularizado para operar de maneira legal e evitar complicações com a legislação. A conformidade legal não é apenas uma exigência burocrática; é um componente essencial que assegura a proteção do empresário e a legitimidade da operação. Ignorar ou subestimar essas obrigações pode resultar em penalidades severas, multas e, em casos extremos, até mesmo o fechamento da empresa. Portanto, compreender as responsabilidades legais e fiscais é fundamental para qualquer empreendedor, especialmente no ambiente digital, que frequentemente enfrenta regulamentações específicas.

O primeiro passo para a regularização de um negócio é entender quais são as obrigações fiscais e legais que se aplicam ao modelo escolhido. Dependendo do tipo de atividade, as exigências podem variar consideravelmente. Por exemplo, um e-commerce pode ter diferentes requisitos em comparação a um prestador de serviços digitais. Além disso, as legislações fiscais e comerciais podem diferir não apenas entre países, mas também entre estados ou municípios, o que torna crucial que os empreendedores realizem uma pesquisa aprofundada sobre as normas aplicáveis à sua localidade.

Um aspecto importante a considerar são os registros necessários para operar legalmente. Isso pode incluir o registro da empresa em órgãos governamentais, obtenção de licenças específicas, e o cumprimento de normas de segurança e saúde, dependendo do setor. Para negócios que lidam com produtos físicos, pode ser necessário seguir regulamentações relacionadas à segurança do consumidor e à qualidade dos produtos. No caso de serviços, há questões relativas à responsabilidade civil e à proteção ao consumidor que devem ser rigorosamente seguidas.

Além das obrigações de registro, os empreendedores também devem estar cientes das suas responsabilidades fiscais. Isso inclui a correta emissão de notas fiscais, o pagamento de tributos e impostos específicos, e a manutenção de uma contabilidade regular. Muitas vezes, a complexidade do sistema tributário pode ser desafiadora para os empresários, especialmente aqueles que estão começando. Por isso, contar com a consultoria de um contador especializado pode ser um diferencial significativo. Esse profissional pode ajudar a orientar sobre as melhores práticas contábeis, garantir que todas as obrigações fiscais sejam cumpridas e evitar erros que possam resultar em penalidades.

Outra consideração importante é a questão da proteção de dados e privacidade, especialmente para negócios que operam online. Com a crescente preocupação em relação à segurança da informação, muitas legislações, como o GDPR na União Europeia e a LGPD no Brasil, impõem regras rigorosas sobre como as empresas devem tratar os dados pessoais de seus clientes. Ignorar essas leis pode não apenas resultar em multas significativas, mas também em danos à reputação da marca. Portanto, implementar políticas adequadas de proteção de dados e assegurar a transparência no uso de informações pessoais é imprescindível para qualquer negócio que opere no ambiente digital.

Além disso, é importante estar sempre atualizado em relação às mudanças na legislação. As leis e regulamentos podem evoluir rapidamente, especialmente em um mundo digital que avança a passos largos. O que pode ser uma prática aceitável hoje pode não ser amanhã. Participar de cursos, seminários e workshops, e manter contato com associações de classe ou grupos de networking pode ajudar os empreendedores a se manterem informados sobre as novas exigências e tendências legais.

Em resumo, a regularização do negócio é um passo crucial que deve ser tratado com a devida atenção. Conhecer as obrigações fiscais e legais, manter a documentação em dia e contar com a orientação de profissionais especializados são práticas que não apenas ajudam a evitar problemas legais, mas também estabelecem uma base sólida para o crescimento e a sustentabilidade do negócio. Um empreendimento que opera dentro da legalidade não apenas minimiza riscos, mas também conquista a confiança dos consumidores, que valorizam a transparência e a responsabilidade nas relações comerciais.

7.3. REINVESTIMENTO E CRESCIMENTO SUSTENTÁVEL

Crescer de forma sustentável é um dos maiores desafios no mundo dos negócios, especialmente no ambiente digital, onde as oportunidades de expansão podem parecer ilimitadas. No entanto, para garantir um crescimento sólido e duradouro, a prática de reinvestir os lucros é essencial. Ao invés de focar apenas em aumentar os ganhos imediatos, é importante utilizar os recursos financeiros para fortalecer as bases do negócio. Isso pode envolver desde a melhoria dos produtos e serviços até a adoção de novas tecnologias e a expansão cuidadosa de estratégias de marketing, sempre com um olhar para o futuro.

Reinvestir os lucros no aprimoramento dos produtos é uma das formas mais diretas de assegurar a longevidade do negócio. Em um ambiente digital competitivo, a inovação constante é crucial. Isso significa não apenas lançar novos produtos, mas também melhorar os já existentes, atendendo a novas demandas e expectativas do mercado. O sucesso inicial de um produto pode se esgotar rapidamente se ele não for atualizado ou aperfeiçoado de acordo com o feedback dos clientes e as mudanças no mercado. Portanto, destinar parte dos lucros para desenvolvimento de produtos garante que a empresa continue a oferecer soluções relevantes e de alta qualidade, capazes de se destacar em meio à concorrência.

Além disso, reinvestir em ferramentas e tecnologias é uma estratégia poderosa para otimizar a eficiência operacional. Softwares de automação, análise de dados, gestão financeira e plataformas de marketing digital podem aumentar a produtividade e ajudar na tomada de decisões mais informadas. Essas ferramentas permitem que o empreendedor digital escale o negócio sem necessariamente aumentar significativamente os custos operacionais. Por exemplo, um bom sistema de CRM (Customer Relationship Management) pode melhorar a gestão de clientes e facilitar campanhas de fidelização, enquanto ferramentas de análise de dados ajudam a entender melhor o comportamento dos consumidores e a otimizar estratégias de vendas. Investir nessas áreas traz um retorno a longo prazo ao melhorar a eficiência e permitir uma operação mais enxuta e ágil.

Outro aspecto fundamental é o investimento em marketing. Em um mundo cada vez mais saturado de informações, destacar-se exige estratégias bem elaboradas e investimento contínuo. Reinvestir os lucros em campanhas de marketing permite que o negócio alcance um público maior e mais segmentado.

Com o aumento da concorrência, especialmente no ambiente online, simplesmente estar presente nas redes sociais ou em mecanismos de busca não é suficiente. É necessário adotar estratégias avançadas, como marketing de conteúdo, campanhas pagas, parcerias com influenciadores e otimização de SEO. Cada real investido em marketing, quando bem direcionado, pode gerar um impacto significativo no crescimento da base de clientes e no aumento das vendas.

No entanto, é importante que esse crescimento seja planejado e gradual. A expansão rápida e descontrolada, muitas vezes impulsionada pela ambição de ganhar participação de mercado rapidamente, pode comprometer a saúde financeira do negócio e prejudicar a qualidade dos produtos ou serviços oferecidos. Empresas que tentam crescer de forma desproporcional podem enfrentar dificuldades para atender à demanda, manter a qualidade, ou gerenciar suas operações de forma eficiente. Isso pode resultar em uma experiência ruim para os clientes e, eventualmente, em uma perda de credibilidade no mercado. Portanto, o crescimento deve ser cuidadosamente calibrado, sempre buscando um equilíbrio entre expansão e capacidade de entrega.

A sustentabilidade do crescimento também envolve uma gestão financeira criteriosa. Reinvestir os lucros de maneira estratégica significa reservar uma parte dos ganhos para o futuro, evitando gastar todo o capital em expansões imediatas. Uma reserva de caixa saudável permite que o negócio tenha fôlego para enfrentar períodos de incerteza ou investir em oportunidades que surgem inesperadamente. Ao mesmo tempo, esse planejamento financeiro ajuda a evitar a necessidade de recorrer a empréstimos ou financiamentos em momentos de dificuldade, o que pode comprometer a saúde financeira da empresa.

Outro ponto importante é a cultura de reinvestimento contínuo. Isso envolve um compromisso de longo prazo com o aprimoramento do negócio, evitando a tentação de sacar lucros prematuramente. Muitas vezes, empreendedores ficam ansiosos para colher os frutos de seus esforços rapidamente, mas, no ambiente digital, os retornos mais significativos tendem a vir a longo prazo, como resultado de investimentos consistentes em crescimento e inovação. Manter um ciclo de reinvestimento permite que o negócio não apenas sobreviva, mas também prospere e se adapte a novas realidades do mercado, consolidando-se como uma força competitiva.

Por fim, o crescimento sustentável também está relacionado à construção de uma marca forte e de uma base de clientes leais. Ao reinvestir em atendimento ao cliente, melhoria contínua e relacionamento com o público, as empresas criam uma conexão mais profunda com seus consumidores, o que gera confiança e fidelidade. Uma marca que prioriza a satisfação do cliente e a qualidade de seus produtos ou serviços tende a ser recompensada com clientes mais engajados, maior retenção e um crescimento orgânico saudável.

Em resumo, o crescimento sustentável requer planejamento, paciência e uma visão de longo prazo. Reinvestir os lucros de forma estratégica em melhorias, ferramentas, marketing e na estrutura do negócio é a melhor maneira de garantir um crescimento consistente e sólido. Essa abordagem não apenas protege a saúde financeira da empresa, mas também constrói uma base forte que suporta a expansão gradual, sem comprometer a qualidade e a reputação no mercado.

CAPÍTULO 8: SUPERANDO DESAFIOS E GARANTINDO O SUCESSO A LONGO PRAZO

8.1. RESILIÊNCIA E MENTALIDADE EMPREENDEDORA

O sucesso no empreendedorismo digital está profundamente ligado à resiliência, uma habilidade que se tornou indispensável em um ambiente tão dinâmico e, muitas vezes, imprevisível. Empreender no mundo digital significa lidar com desafios constantes, desde mudanças nas plataformas e algoritmos até oscilações de mercado, concorrência crescente e, em alguns casos, até mesmo a volatilidade financeira. Em meio a esse cenário, a capacidade de se manter firme diante das adversidades, aprendendo com cada revés, é o que distingue os empreendedores que prosperam daqueles que desistem.

A resiliência não é apenas sobre suportar dificuldades; é sobre a capacidade de crescer a partir delas. No empreendedorismo digital, os fracassos fazem parte do caminho. Plataformas podem falhar, campanhas podem não atingir os resultados esperados, ou um produto que parecia promissor pode não se conectar com o público da forma planejada. No entanto, é justamente nesses momentos que a mentalidade empreendedora faz toda a diferença. Um empreendedor resiliente não vê o fracasso como um ponto final, mas como um aprendizado essencial para ajustar a rota e continuar a avançar.

A capacidade de aprender com os erros é uma das principais características de um empreendedor de sucesso. No mundo digital, onde as tendências e as ferramentas mudam rapidamente, é comum que nem todas as estratégias tragam os resultados desejados. Nesses casos, a chave está em analisar o que deu errado, entender os fatores que influenciaram o resultado e ajustar a estratégia. Ao invés de desistir, um empreendedor resiliente adapta seu plano de ação com base nos novos aprendizados, aproveitando cada falha como uma oportunidade de crescimento e melhoria.

Ser adaptável também é fundamental no universo digital, onde as mudanças ocorrem em uma velocidade impressionante. Empreendedores que não se adaptam às novas tecnologias, plataformas ou modelos de negócio tendem a ficar para trás. A resiliência, nesse contexto, envolve a disposição de abraçar o novo, experimentar abordagens diferentes e ajustar-se rapidamente às mudanças do mercado. Isso pode significar reformular completamente um produto, adotar novas formas de marketing ou até mesmo mudar o público-alvo, tudo com a mentalidade de que a adaptação é parte natural do processo de crescimento.

Outro aspecto crucial para o empreendedor digital resiliente é a motivação de longo prazo. Empreender no mundo digital não é uma corrida de 100 metros, mas uma maratona. O sucesso raramente acontece da noite para o dia, e os resultados imediatos nem sempre refletem o esforço investido. Manter-se motivado ao longo desse processo, mesmo quando os resultados são escassos ou os obstáculos parecem intransponíveis, é o que garante a continuidade e o crescimento. É essencial ter uma visão clara de onde se quer chegar e lembrar-se constantemente dos motivos que levaram a iniciar essa jornada empreendedora.

Manter-se motivado, porém, não é apenas uma questão de força de vontade. Envolve também a criação de metas realistas e a celebração de pequenos sucessos ao longo do caminho. Ao dividir grandes objetivos em etapas menores, o empreendedor pode visualizar seu progresso, o que ajuda a manter o foco e a determinação. Celebrar pequenas vitórias é uma maneira de alimentar a motivação e manter o entusiasmo, mesmo em meio a desafios.

Além disso, a resiliência no empreendedorismo digital também é alimentada por uma rede de apoio sólida. Nenhum empreendedor precisa trilhar esse caminho sozinho. Contar com mentores, colegas empreendedores ou até mesmo comunidades online pode oferecer insights valiosos e suporte emocional. Compartilhar experiências, buscar conselhos e aprender com as histórias de outros que já passaram por situações semelhantes ajuda a manter uma perspectiva mais clara sobre os desafios enfrentados. A sensação de pertencimento a uma comunidade de pessoas que compreendem as dificuldades da jornada empreendedora pode ser um fator motivador para continuar, mesmo quando as coisas parecem difíceis.

Por fim, é importante destacar que a resiliência não significa evitar ou ignorar o estresse e as dificuldades, mas sim aprender a lidar com eles de maneira saudável. No empreendedorismo digital, é comum sentir-se sobrecarregado pelas muitas demandas do negócio, como as constantes atualizações tecnológicas, o gerenciamento de clientes, o marketing, e a administração financeira. Desenvolver práticas de autocuidado, como gestão de tempo eficaz, pausas regulares e a busca por equilíbrio entre trabalho e vida pessoal, é essencial para manter a saúde mental e a energia a longo prazo. Afinal, a resiliência não é uma questão de se forçar a continuar até a exaustão, mas de criar condições para que o progresso seja sustentável.

Em resumo, o caminho do empreendedorismo digital é repleto de desafios, mas a resiliência é o que torna possível superar cada um deles. Aprender com os erros, adaptar-se às mudanças, manter a motivação e cuidar da saúde emocional são os pilares que sustentam o sucesso em longo prazo. Aqueles que cultivam uma mentalidade resiliente não apenas sobrevivem aos desafios, mas prosperam, transformando cada obstáculo em uma oportunidade de crescimento e evolução contínua.

8.2. ADAPTAÇÃO ÀS MUDANÇAS TECNOLÓGICAS

A tecnologia está em um processo contínuo de transformação, e essa dinâmica tem implicações diretas para o sucesso de negócios digitais. Empresas que atuam no ambiente online precisam estar constantemente atualizadas, não apenas para otimizar suas operações, mas também para se manterem competitivas em um cenário em que a inovação é a regra. A velocidade com que novas ferramentas, técnicas e tendências surgem exige dos empreendedores digitais uma mentalidade de aprendizado constante. Adaptar-se a essas mudanças não é mais uma opção, mas uma necessidade estratégica.

Uma das áreas mais impactadas por essas inovações é o marketing digital. Novas plataformas e tecnologias mudam a maneira como as empresas interagem com seu público-alvo. Estratégias que funcionavam há alguns anos, ou até mesmo meses, podem se tornar obsoletas rapidamente. Por exemplo, o marketing baseado em redes sociais, que já era poderoso, continua evoluindo com o surgimento de novas redes e funcionalidades. Plataformas como TikTok, que se popularizou rapidamente, forçaram empresas a repensarem como criar conteúdo de maneira mais dinâmica e interativa. Além disso, o marketing de influência e as ferramentas de automação digital também passaram por transformações, oferecendo novas formas de engajamento e personalização em larga escala.

A capacidade de adaptação vai além de simplesmente aprender a usar novas ferramentas. Trata-se de desenvolver uma visão proativa, onde as empresas antecipam tendências e se posicionam de forma estratégica antes da concorrência. A inovação em áreas como inteligência artificial, machine learning e automação trouxe ferramentas que permitem aos negócios não apenas serem mais eficientes, mas também mais inteligentes, entendendo melhor o comportamento do consumidor, personalizando ofertas e otimizando processos de maneira automática. No entanto, adotar essas tecnologias requer uma abordagem estruturada, que envolve treinamento, investimento e uma mentalidade voltada para a inovação contínua.

A adaptação também se aplica à escolha das plataformas. O ambiente digital é altamente dinâmico e as plataformas que dominam hoje podem ser rapidamente substituídas por outras mais novas e eficientes. Tomemos como exemplo o comércio eletrônico: enquanto gigantes como Amazon e Shopify continuam a dominar, novos marketplaces e modelos de negócios surgem constantemente, oferecendo alternativas para diferentes nichos e mercados. Negócios que não monitoram essas mudanças podem acabar ficando para trás, perdendo oportunidades valiosas de crescimento.

Além disso, a adaptação às mudanças tecnológicas exige que as empresas revisem e atualizem regularmente suas operações internas. À medida que novas ferramentas são integradas ao fluxo de trabalho, é crucial garantir que equipes estejam preparadas para utilizá-las de maneira eficiente. Isso pode significar investir em capacitação, reorganizar processos internos e até mesmo reestruturar a cultura organizacional para que ela seja mais ágil e aberta à inovação. A habilidade de se adaptar rapidamente a novas demandas tecnológicas está diretamente ligada à capacidade de resposta da equipe e à prontidão para abraçar mudanças, o que pode definir o sucesso ou o fracasso de um negócio no longo prazo.

Um outro aspecto fundamental é a questão da segurança e privacidade no ambiente digital. Com o crescimento exponencial do uso de tecnologias baseadas em dados, as regulamentações de privacidade também estão em constante evolução. Empresas precisam se manter informadas e adaptar suas práticas para garantir a conformidade com legislações como o GDPR (Regulamento Geral de Proteção de Dados) e a LGPD (Lei Geral de Proteção de Dados), além de outras normativas locais. Negligenciar esse aspecto não só pode resultar em multas pesadas, mas também prejudicar a confiança dos consumidores, o que é vital no mundo digital.

Por fim, a capacidade de adaptação à evolução tecnológica também está ligada à necessidade de inovação. Negócios digitais que prosperam são aqueles que não apenas reagem às mudanças, mas também as antecipam, utilizando novas tecnologias para criar vantagens competitivas. A inovação pode vir em forma de novos produtos, novas maneiras de engajar com o público, ou até mesmo novas formas de gerir o negócio de maneira mais eficiente. Estar aberto à experimentação, buscar melhorias contínuas e abraçar a incerteza tecnológica com uma mentalidade de crescimento é essencial para garantir longevidade e sucesso em um mercado em constante mutação.

Em resumo, a evolução tecnológica exige que os negócios digitais cultivem uma mentalidade de aprendizado contínuo e adaptação constante. Mais do que apenas uma questão de sobrevivência, acompanhar e adotar novas tecnologias representa uma oportunidade de se destacar em um ambiente cada vez mais competitivo e dinâmico. Adaptar-se não é apenas uma questão técnica, mas também estratégica, permitindo que as empresas inovem, melhorem a eficiência e mantenham sua relevância em um mercado em rápida transformação.

8.3. GESTÃO DE TEMPO E EQUILÍBRIO PESSOAL

Trabalhar online oferece uma liberdade incomparável. A flexibilidade de horários, a possibilidade de trabalhar de qualquer lugar e o controle sobre o próprio ritmo são atrativos poderosos para quem busca independência profissional. No entanto, essa flexibilidade pode rapidamente se tornar uma armadilha. Sem um ambiente físico tradicional de trabalho, onde o expediente tem início e fim claros, pode ser difícil estabelecer limites. O home office, que a princípio parece um sonho, pode se transformar em um cenário onde as linhas entre vida profissional e pessoal se tornam indistintas, levando ao desgaste mental e à perda de produtividade.

O primeiro grande desafio é que, ao contrário de um emprego convencional, onde a rotina é muitas vezes ditada por horários fixos e metas claras, o trabalho online exige uma autogestão rigorosa. Isso pode ser um divisor de águas: aqueles que conseguem se organizar e estabelecer uma disciplina sólida colhem os frutos dessa flexibilidade, enquanto outros, sem uma estrutura clara, podem facilmente perder-se em distrações ou em uma rotina de trabalho interminável. É fácil que as demandas profissionais invadam o tempo pessoal quando tudo, desde reuniões até tarefas, pode ser feito de casa e a qualquer momento.

Para evitar esses perigos, é fundamental criar uma rotina saudável. Isso significa não apenas estabelecer horários de trabalho regulares, mas também reservar tempo para pausas, lazer e autocuidado. Muitos empreendedores digitais e freelancers caem na armadilha de pensar que, por estarem sempre conectados, precisam estar sempre disponíveis. O medo de perder oportunidades ou de parecer improdutivo muitas vezes faz com que eles negligenciem o tempo pessoal, resultando em longas jornadas de trabalho que prejudicam a saúde física e mental. A produtividade real, no entanto, não se trata apenas da quantidade de horas trabalhadas, mas da qualidade do trabalho realizado e do equilíbrio entre o esforço e a recuperação.

É importante, portanto, definir fronteiras claras entre o tempo de trabalho e o tempo pessoal. Isso pode incluir a criação de um espaço físico dedicado exclusivamente ao trabalho, que ajuda a manter a mente focada nas atividades profissionais durante o expediente, e a "desligar" quando o trabalho termina. Mesmo que o trabalho remoto ofereça a possibilidade de realizar tarefas em qualquer lugar, ter um ambiente específico para trabalhar auxilia a criar uma separação mental entre trabalho e vida pessoal, ajudando a manter o equilíbrio.

Outro aspecto crucial para garantir a qualidade de vida ao trabalhar online é o gerenciamento eficiente do tempo. Ferramentas de produtividade, como cronogramas diários, métodos de priorização de tarefas, e a técnica Pomodoro, podem ajudar a manter o foco e a evitar a procrastinação. A flexibilidade pode ser tanto uma bênção quanto uma maldição, e saber como gerir essa liberdade é essencial para o sucesso a longo prazo. Sem uma estrutura clara, o risco de dispersão é grande, e tarefas que poderiam ser concluídas em poucas horas acabam se estendendo por dias, criando uma sensação de ineficiência e frustração.

Ademais, um elemento frequentemente subestimado na busca pelo equilíbrio é a importância de respeitar os próprios limites. A cultura do "hustle" e da produtividade incessante, tão presente no mundo digital, pode criar uma pressão constante para estar sempre produzindo ou buscando novos projetos. No entanto, essa abordagem tende a ser insustentável e, a longo prazo, pode levar ao esgotamento. O sucesso sustentável exige que se reconheça a importância de descansar, desconectar-se e recarregar as energias. O descanso é parte integrante do processo de produtividade, e não um sinal de fraqueza ou de falta de comprometimento.

Além disso, trabalhar online pode ser solitário. A ausência de interações sociais frequentes e o isolamento que muitas vezes acompanha o trabalho remoto podem impactar negativamente a saúde mental e a motivação. Encontrar maneiras de manter conexões com colegas, seja por meio de videoconferências, grupos de networking ou mesmo encontros presenciais ocasionais, é uma estratégia importante para mitigar essa sensação de isolamento. Participar de comunidades online de profissionais ou grupos locais também pode ajudar a criar um senso de pertencimento e apoio mútuo.

O sucesso a longo prazo ao trabalhar online depende, em grande parte, da capacidade de encontrar e manter esse equilíbrio delicado. Não é apenas sobre cumprir tarefas ou gerar renda; é sobre construir uma vida que permita prosperar em todas as áreas. Quem consegue estabelecer uma rotina equilibrada, gerenciar o tempo de forma eficiente e respeitar seus próprios limites não apenas alcança sucesso no trabalho, mas também constrói uma carreira sustentável e uma vida pessoal gratificante.

Essa busca pelo equilíbrio não é algo que acontece de forma automática. Ela exige prática, ajustes constantes e uma consciência profunda das próprias necessidades e objetivos. Cada pessoa tem um ritmo e uma forma de trabalhar que lhe é mais adequada, e o verdadeiro desafio é encontrar o equilíbrio ideal entre flexibilidade e estrutura, trabalho e descanso, produtividade e bem-estar. É essa combinação, bem dosada, que garantirá o sucesso e a qualidade de vida no longo prazo.

CONCLUSÃO

A jornada no mundo dos negócios digitais é repleta de oportunidades e desafios, e o sucesso nesse ambiente em constante evolução depende de uma combinação de estratégias bem elaboradas, adaptação contínua e uma mentalidade empreendedora resiliente. A tecnologia, ao longo dos anos, proporcionou um cenário onde o acesso a ferramentas e plataformas para gerar renda online se tornou mais fácil e acessível. Desde o marketing de afiliados e e-commerce até a criação de infoprodutos e monetização de conteúdo nas redes sociais, as opções são vastas e podem ser exploradas por qualquer pessoa disposta a aprender e se adaptar.

A escolha do modelo de negócio ideal deve ser precedida por uma autoavaliação honesta, que leve em consideração habilidades, paixões e objetivos pessoais. Ter metas claras e bem definidas, juntamente com uma análise de mercado cuidadosa, permite que os empreendedores identifiquem nichos e oportunidades que podem ser explorados com sucesso. A construção de uma presença online sólida, aliada ao desenvolvimento de uma marca pessoal autêntica, é fundamental para atrair e engajar o público-alvo, criando relacionamentos significativos que se traduzem em conversões e vendas.

Além disso, a utilização de ferramentas de automação se revela indispensável para escalar um negócio digital. Automatizar processos não apenas melhora a eficiência e reduz erros, mas também libera tempo valioso para que os empreendedores possam focar em estratégias de crescimento e inovação. O marketing digital, através de campanhas pagas e técnicas de SEO, junto com a criação de conteúdo de qualidade, são essenciais para aumentar a visibilidade e atrair clientes.

Por último, é crucial gerenciar as finanças de forma eficaz e garantir que o negócio esteja em conformidade com as obrigações legais e fiscais. O reinvestimento dos lucros em aprimoramentos e expansão é um passo estratégico que pode garantir um crescimento sustentável e evitar armadilhas financeiras. Em suma, o sucesso no empreendedorismo digital exige dedicação, aprendizado contínuo e a capacidade de se adaptar a um cenário em constante mudança, mas com as ferramentas e estratégias certas, qualquer um pode transformar suas ideias em uma fonte de renda viável e duradoura.

SOBRE O AUTOR

Alex Miranda Spindola - Graduado em Análise e Desenvolvimento de Sistemas com Pós-Graduação em Engenharia de Software e Inteligência Artificial, e um MBA em Gestão de Projetos em TI. Escritor Best-Seller, Engenheiro de Software, Consultor e Palestrante.